황규봉 한시선 제2집 101~200

월요일 수요일 금요일

한韓 시詩

황규봉 한시선 제2집 101~200

월요일 수요일 금요일

한韓 시詩

未空 황규봉 저

전남대학교출판문화원

전남 보성 득량면에서 경기 고양 선유동으로 가져와 심은 묘목에서 피어난 무궁화꽃

■ 제2집을 묶어내면서

사람이 하는 모든 일에는 정성이 필요하다. 아이 키우는 어른들이 "무슨 일을 하든 진득하게" 라고 잔소리를 하는 바와 다르지 않다. 그리고 사람이라면 호기심(好奇心)은 선택이 아니라 필수사항이다. 호기심이 내장되어 발동되면 눈에 보이는 것들, 머릿속을 헤집고 다니는 생각들이 궁금하고 '그것이 무엇인가, 그것은 내게 맞다, 맞지 않다' 등을 판단할 수 있는 것이다.

'韓詩를 그냥 한 수 지어보자' 하는 것은 호기심에 해당한다 할 수 있다. 그런데 매주 월요일 수요일 금요일에 계속하여 韓詩를 쓴다는 것은 호기심을 지나 그야말로 정성, 나아가 오기(傲氣)가 없으면 불가능하다.

그리고 정성과 오기를 넘어 그것을 붙잡고 놓지 않는 끈기와 체력이 뒷받침되어야 할 것인데, 정성, 오기, 끈기, 체력이 갖추어져 있다 할지라도 배우자의 적극적인 성원과 협조가 이루어지지 않는다면 韓詩를 일정 기간 정해진 날에 계속해서 쓰는 상황은 이루어질 수 없다.

그런데 정성 호기심 오기 끈기 체력 성원 협조 중에서 作詩活動의 시발점은 아무래도 호기심이 아닌가 한다. 杏村 李嵒 선생께서 檀君世紀를 쓰시면서 그 序文에 밝히신 역사학의 正法, 인물을 저울질하여 평가하는 衡量人物과 시대의 모습을 논하여 진단하는 論診時像까지는 아니라도, 시대를 살아가는 生活人으로서 어떤 현상과 정서가 감지될 경우 가장 먼저 호기심이 발동되는 것은 자연스럽다 할 수 있다.

다만, 시대가 진전되고 기술이 발전하면서 인간이 아닌 프로그램이 인간의 요구에 따라 무엇이든 만들어내고 인간을 대신할 수 있게 되었다. 알파고가 이세돌 9단을 이기고, 인공지능(AI; artificial intelligence)이, 그리고 최근에는 챗GPT(Chat generative pre-trained transformer)가 등장하여 관심을 불러 모으고 있다. 심지어 공군전투기도 인공지능이 내장되어 전투기조종사가 그 인공지능의 도움을 받아 높은 수준의 전투임무를 용이하게 수행하고, 가요의 작사/작곡은 물론 그림까지도 프로그램, 즉 인공지능이 인간을 대신해주는 시대가 된 것이다.

그래서 혹자는 "너의 韓詩라는 것도 인공지능이 대신 써준 것 아니냐?" 하는 질문을 하기도 하는데, 필자가 인공지능의 도움을 받아 作詩하는 것은 맞다. 예컨대 '터덜터덜'을 뜻하는 韓字를 찾는 데 있어 한자사전앱에 물어보면, '躉'을 찾아서 보여주는데, 이처럼 인공지능이 없으면 표현하고자 하는 현상이나 정서를 마음에 맞는 韓字로 표시할 수 없는 것이다.

나의 作詩는 정한 날 한두 시간의 마음고통(心苦)과

소주 몇 잔의 취흥을 교환하는 한 톨의 즐거움이므로 내가 찾는 韓字를 구하는 이상의 도움을 곁들일 수 없다. 왜냐하면 그때그때 나만의 정서를 나만의 방식으로 표현하여 당시의 호기심을 인식하고 해소하는 즐거움을 감소시키거나 포기할 수는 없기 때문이다.

이제 제101편(2022.6.8.)부터 제200편(2023.1.27.)까지 100편을 묶어 『월수금한시』 제2집으로 출간하면서 이 호기심을 개방적이면서도 싱싱하고 건설적인 상태로 유지하려 해본다.

2023년 癸卯 입춘 홀로 앉은 사무실에서

未空 황규봉

한시는 한자로 적은 시이다. 한시는 漢詩로 표시되고 한자는 漢字로 표시된다. 이 당연한 표기를 필자는 의심한다.

"한족"이라는 단어를 한자로 쓰시오 하는 주문에 漢族이 먼저 떠오르는 것은 당연하다 할 것이다. 그런데 중국에 사는 한민족을 가리키는 한족이라는 명칭도 동일하게 표기해야 할까? 중국漢族들이 소수민족으로 치부하고 있는 의미의 한족은 韓族으로 표기되어야 하지 않을까? 그렇다면, 한자는 韓字로, 한시는 韓詩로 각각 표기해야 옳다.

왜냐하면, 역사를 아는 세계인들이, 심지어 지각있는 중국인들마저 한자는 한민족의 조상인 東夷族이 만든 문자임을 인정하고 주장하고 있기 때문이다. 그리고 세상 천지에 오로지 간편하게 사용하겠다는 의도로, 소위 간자체라 하여, 자기의 조상들이 만든 문자를 비틀고 파괴하여 표기하는 후손들은 없을 것이기 때문이다.

필자는 고교시절에 오언절구와 칠언율시를 배우면서부터 자연스럽게 韓詩를 접하고 써보기 시작했다. 어쩌다 머릿속에 떠오른 생각을 한자로 표현해보는 것은 하나의 즐거움이었다. 그러다가 나이 오십 후반에 늦게야 '인류역사상 최고의 명문장'인 <단군세기 서문>을 만나서 그 문장을 읽고 읽어 韓字 794자로 된 행촌 이암 선생의 원문장을 암송하게 되었다. 이후 교우관계를 이어가는 장소인 음식점의 냅킨에, 그리고 회사 사무실에서 짬을 내어 이면지에 단군세기 서문을 암송하여 써보는 경험은 정식으로 한문공부를 하지 못한 필자에게 큰 도움이 되었다. 이후 우리 한민족 최초의 역사기록인 <서효사(신지비사)>, 우리조상들의 마음수행상 기본서인 <삼일신고> 등을 머릿속에 집어넣어 암송하는 재미를 즐기다가 칠언율시를 떠올리고는 '한시를 써서 모아보자' 하는 생각을 하게 되었다.

그런데 사회생활하면서 만난 또래친구들이 다들 은퇴하고 각자의 노년을 모색하는 단계에 이르러 필자의 일상생활은 혼자서 시간을 갖는 경우가 많아지고, 어쩌다 보니 혼자 시간을 보내는 월요일 수요일 금요일의 퇴근 후 시간에는 한시를 쓰게 되었다. 그러면서 한시가 어느 정도 분량이 되어 그것을 묶어내게 된다면, 그 제목을 [월수금한시]로 하자는 소박한 기획을 하게 되었다.

우연하게도 한시를 쓰고 저장하기 시작한 시기는 코로나19가 기승을 부리던 때였다. 모든 음식점의 영업시간이 제한되고 개인의 활동이 자유롭지 못한 시기였다. 그래도 필자는 굳건히 월수금요일에 혼자서 시간을 가지면서 영업시간 종료 이전에 한시를 완성하여 지인들에게 메시지로, 카카오톡으로 전달하고 나서 귀가하곤 했다.

필자는 오언절구보다는 칠언율시를 선호한다. 한시에 있어서 비전문가인 필자의 실력으로 다섯 자로써 어떤 정서나 현상을 표현하기란 고단한 작업이어서 그래도 두 자를 더 쓸 수 있는 칠언율시로 자연스레 방향을 잡게 되었다. 그런데 칠언율시의 규칙이 운율을 맞춰야 한다는 것과 일곱 자 여덟 행으로 이루어져야 한다는 것인데, 이 부분에서도 필자의 비전문성이 알차게 발휘되었다. 운율은 韓字의 음 중 초성을 제외한 음이 유사한 소리가 나면 되는 것으로 하고, 영업시간 제한을 염두에 두어야 하는 음식점의 분위기나 필자의 醉氣정도 등에 따라 혹은 네 행으로도 칠언율시가 됨을 스스로 인정하기로 한 것이다. 따라서 한시를 잘 썼다, 한시가 어떠하다 하는 평가는 일체 황송한 느낌일 수밖에 없다.

한시를 이틀(수금) 혹은 사흘(금월)에 하나씩 쓴다는 것은 사실 고통이다. 이 머리고통(心苦)은 기쁘지도 않고 다른 이들에게 권할 만한 일도 아니다. 그래도 환갑을 넘긴 필자가 같은 시간을 보내면서 무엇인가 남길 수 있는 작업으로서, 그리고 소주 한 잔 정도의 즐거움은 남는 혼자즐김(孤樂)으로서, 한시를 구상하고 표현해보는 것이, 현재에도 진행 중인, 유일한 선택일 뿐이다.

이제 한시가 백 편을 넘고, 묶어서 인쇄해보자는 소박한 기획을 실천할 단계에 이르러서는, 그래도 시집(詩集)인데 한시가 만들어진 날짜순으로 나열하여 그냥 인쇄하여 묶어낸다면, 그것이 과연 무슨 감흥이 있을 것인가 하는 의문이 들게 되었다. 그리하여 먼저 한시의 각 편을 주제 또는 문제의식 등의 기준으로 분류하였다. 그 분류를 목차삼아 시집의 앞부분에 표시해두면, 읽는 사람이 정서나 주제를 먼저 보고 시편을 선택하여 해당 쪽을 펴봄으로써 나름의 감상을 가질 수 있도록 目次부분에 신경을 기울였다.

좌우간 이 시집의 탄생은 아내 정경란이 월수금요일 퇴근 후에 필자로 하여금 혼자서 시간을 가질 수 있도록 배려해준 데에서 비롯되었다. '나이 먹고 늙어갖고 뭐라도 하라.'라는 등의 군소리 한 마디 없이, 말하자면, 든든하게 지원해준 것이다. 그리고 주제분류 등 시집의 편집방향과 묶어냄에 대하여 아낌없는 조언을 해준 이성훈, 홍상헌 두 친구의 도움도 컸다. 감사를 표한다.

더하여, 필자가 1999년 『신탁경영론』 출간 이후로는 출판과는 거리가 있는 생활을 이어오고, 최근 출판업계 동향에 대해 아는 것이 없는 상황에서 지난해 7월 어찌어찌 출판사가 아닌 도서유통업자를 먼저 만나 그의 수배로 기획과 출판을 급하게 진행하여 당시까지 작성된 118편을 묶어 펴내면서 유감스러운 경험을 한 적이 있다.

이러저러한 반성으로 『월수금한시』의 편제를 점검하게 되었는데, 서교동의 賢者 한승석 군으로부터 韓詩의 각 편마다 音을 표시하여 가독성을 높이자는 의견을 들어 그대로 시행하였다. 그리고 묶어 펴내는 편수도 고려하게 되었는데, 2021년 9월 6일 제1편부터 2022년 6월 6일 제100편까지 묶어 제1집으로 하고, 이후 100편씩 묶어 펴내자는 생각을 하게 되었다. 이 같은 모든 것이 於此彼 자청(自請)한 마음고통(心苦)인 바이다.

2023년 2월 하순 雨水를 지나고 나서

未空 황규봉

▪ 목차

계절 장마철
시간 공간 바람

천부경 삼일신고 홍익인간 단군조선
단군세기 서효사 염표문 천제

大雪白雨萬想沈 ································· 179

본성 목숨 성선설 성악설 중용 성심 성품 양심 기개 안분 용불용설

섭리 윤리 도리 복 덕 기 몸 건강 치아 도 도리 경계선

우주 하늘

수양 반성 중용 수행 자화상
가식 평범 개선 다짐 격언 반성 천하

상념 교우 관계
인연 가족 고향

경영 사업

농사 주말농장 잡초

산가꾸기 산 편백정신
편백 수목장

선유동 화원 용두동
보성득량 연남옥

김장 정치 공과 시속

선거 대화 문법

코로나19

한시

미완성

月水金韓詩實苦	월수금한시실고
酒抱孤點今百壹	주포고점금백일
望遠延南屋夜深	망원연남옥야심
夏談改成人息逸	하담개성인식일

월요일 수요일 금요일 한시를 쓰는 것 실은 고생이다

그 고생을 몇 잔 술이 달래주고 스스로 외로이 매기는 점수로 이제 일 백 일 편째

망원동 희우정로 연남옥 밤은 깊어가네

여름밤의 담화는 사람 사는 방법을 올바르게 만드는구나

2022.06.08.

勿執小見	물집소견
務解他處	무해타처
越短礎長	월단초장
勉求改現	면구개현
敏別情意	민별정의
重心於財	중심어재
想舊備次	상구비차
莫失寡朋	막실과붕

사려깊지 못한 의견에 집착하지 말 것
다른 사람이 처한 형편을 이해하려 노력할 것
눈앞의 득실을 넘어서 미래를 준비하는 주춧돌을 놓을 것
현재의 생활을 더 나아지게 하는 방법을 힘써 구할 것
순간순간의 감정과 존재의 의지를 민감하게 구분지을 것
재물보다 마음의 행로를 중하게 여길 것
옛일을 떠올리되 항상 다음을 대비할 것
숫자는 적더라도 친구를 잃지 말 것

2022.06.10.

何處無埃者在哉　　하처무애자재재
渡俗江引忎*塵兮　　도속강인고진혜
未空能含超虛慾　　미공능함초허욕
但望世準期通禮　　단망세준기통례

티끌 하나 없는 사람이 어디 있으리오
속세의 강을 건너면서 먼지가 묻고 굳음이여
비우지 못한 것이 허망한 욕심뿐이겠는가
다만 세속의 기준에 어긋나지 않을 것을 바라고 통속의 예의를 지킬 것을 다짐하노니

2022.06.13.

---

*굳을 고 忎

朝光先受地 三神赫世臨 조광선수지 삼신혁세림
桓因出象先 樹德宏且深 환인출상선 수덕굉차심
諸神議遣雄 承詔始開天 제신의견웅 승조시개천
蚩尤起青邱 萬古振武聲 치우기청구 만고진무성
淮岱皆歸王 天下莫能侵 회대개귀왕 천하막능침
王儉受大命 歡聲動九桓 왕검수대명 환성동구환
魚水民其蘇 草風德化新 어수민기소 초풍덕화신
怨者先解怨 病者先去病 원자선해원 병자선거병
一心存仁孝 四海盡光明 일심존인효 사해진광명
辰韓鎭國中 治道咸維新 진한진국중 치도함유신
慕韓保其左 番韓控其南 모한보기좌 번한공기남
巉岩圍四壁 聖主幸新京 참암위사벽 성주행신경
如秤錘極器 極器白牙岡 여칭추극기 극기백아강
秤幹蘇密浪 錘者安德鄕 칭간소밀랑 추자안덕향
首尾均平位 賴德護神精 수미균평위 뇌덕호신정
興邦保太平 朝降七十國 흥방보태평 조항칠십국
永保三韓義 王業有興隆 영보삼한의 왕업유흥륭
興廢莫爲說 誠在事天神 흥폐막위설 성재사천신

2022.06.15.

47분 단군님들이 2,096년 동안 다스리신 단군조선의 제6대 달문단군께서 천제를 모시고 나서 지으신 誓效詞(神誌祕詞).
역사적 사실을 기술한 우리민족 최초의 기록임.

世不漏萬事	세불루만사
處況各雨片	처황각우편
暑變突是天	서변돌시천
備狀歸善其	비상귀선기

2022.06.17.

極旱中採薯*植藷**	극한중채서식저
莫批天氣受自功	막비천기수자공
俗情是非實塵煙	속정시비실진연
況不斟理勿及農	황불짐리물급농

가뭄이 엄청 심한 와중에도 감자를 캐고 그 자리에 고구마모종을 심다

산출이 마음에 들지 않는다고 날씨를 탓하지 말지어다 그동안 들인 자신의 공력이 그런 것으로 받아들이라

사람들이 모여 사는 세상의 여러 정들이 그렇다 아니다를 따지는 것도 실은 먼지나 연기와 같은 것이거늘

하물며 하늘이 움직이는 이치를 짐작할 만큼 정도는 공부한 연후에 농작물을 마주하리라

2022.06.22.

---

* 감자 서, 고구마 서 薯
** 감자 저, 고구마 저 藷

有水集流曲直下 유수집류곡직하
世人群製則選票 세인군제즉선표
作言慕見爲所論 작언모견위소론
常變無內自更要 상변무내자경요

물이라는 물은 모이면 아래로 여울져 떨어진다
세상사람들은 모이면 규칙을 만들어 투표를 한다
말을 만들고 견해들을 모아 그것이 여론이라 하는데
그렇구나 변화 없는 내부에서는 스스로 고침을 필요로 하는 구나

2022.06.24.

善說不要規孟教　　선설불요규맹교
惡者荀朱必束人　　악자순주필속인
見走從時意得其　　견주종시의득기
原勿別容融求眞　　원물별용융구진

성선설은 사람의 본성을 제약하는 법규는 필요하지 않다는 맹자의 가르침이고

성악설은 순자와 주희가 1천 2백 년의 시차를 두고 같은 주장을 한 것인데 인간이란 가만히 두면 안 되는 존재라는 내용이다

어떤 주장이나 견해는 그때그때의 그 무엇인가를 얻고자 하는 의도나 목적에 따라 갈려져 달려 나가는데

원래는 선악을 구별하지 않고 포용하고 아우르며 세상진리를 구하라는 것이 하늘의 이치(왕도)였다

2022.06.27.

旱後淋*玉水歇**降　　한후림옥수헐강
遴***解渴備雨害何　　린해갈비우해하
願年發損壞消寂　　원년발손괴소적
農物生事如意羅　　농물생사여의라

기나긴 가뭄 끝 시작된 장마철 옥구슬 같은 물이 내렸다 그쳤다 하는구나
가뭄해갈에 겨워하기는 하지만 비피해 수해의 대비는 어떠한가
매년 장마철에 발생하는 피해손실사태는 이제 사라지고 재해소식이 잠잠할 것을 바라노라
농작물 생육과 사람 살아가는 일들이 소박한 마음과 같이 잘 풀려나가기를

2022.06.29.

---

* 장마 림, 임질 림 淋
** 쉴 헐 歇
*** 어려워할 린 遴

觀水本輸力枝數	관수본수력지수
兼備逆流調管高	겸비역류조관고
業活洞要動創協	업활동요동창협
乃改定各溫皆笑	내개정각온개소

물이 흐르는 본줄기가 물을 운반하는 모양과 힘을 잘 관찰하고 본줄기로 유입되는 지류의 수를 파악하라

아울러 대우천시 역류할 가능성도 대비하여 수로관의 직경을 조절하라

영리사업을 원활하게 영위하고 사람들이 활기있게 사는 동네로 만들려면 창의적인 생각과 협동심이 작동해야 한다

그리하여 각자의 현재 상황을 마음에 맞게 고쳐 결정하고 시간이 지나 그 결과를 보고 모두가 미소지으리라

2022.07.01.

紛念中葬意嚴坐 분념중장의엄좌
比腕糞徑無所用 비완분경무소용
解隣處圖協相肩 해린처도협상견
陜谷活物流軸隆 협곡활물류축융

여러 가지 분분한 생각 중에 장지(묻힐 장소)목적이 부동자세로 자리잡고 있는 터에

뉘 팔뚝이 두꺼운지 뉘 똥이 더 굵은지 비교하는 것은 아무짝에도 쓸모가 없다

가까이 있는 이들의 입장과 각자 마음속에 품은 그림들을 서로 이해하고 서로 어깨동무하고 다독여가면서 협동하여

너르지 않은 골짜기라도 많은 물자가 흘러 활발하게 유통하여 주축이 되는 이가 떨쳐 일어나기를

2022.07.04.

未空有日掃束念　　미공유일소속념
隲*超齡力招孤酒　　즐초령력초고주
興未起醉氣滿堂　　흥미기취기만당
常自酌不交遠友　　상자작불교원우

미공(自作號)이 어떤 날은 머릿속을 쥐어짜고 있던 여러 생각들을 말끔하게 청소하여 비우고

나이 체력 상관하지 않고 혼자서 주흥을 불러보려 작정하였더니

오라는 흥은 일어나지 않고 취기만 잔뜩 밀려오는구나(취기만땅)

그럼 그렇지(常) 혼자 마시는 술로는 멀리 있는 벗과 어울릴 수 없지 않느냐

2022.07.06.

* 작정할 즐 隲

詩超百欲篇是業　　시초백욕편시업
羅作日順示無興　　나작일순시무흥
與各題分範何量　　여각제분범하량
性情非未行當應　　성정비미행당응
肯事未空應時獪　　긍사미공응시회
索舊術間革重能　　소구술간혁중능
但從先敎弘益人　　단종선교홍익인
一片其成咸皆等　　일편기성함개등

시쓰는 것 백 개를 넘어서서 책으로 묶어내고자 하니 이거 뜻하지 않은 또 다른 작업이구나

쓴 날짜 순으로 쭈욱 나열하여 인쇄하는 것은 그것을 읽는 사람에게 아무런 감흥도 보여주지 못할 것이고

그렇다고 작자로서의 기본의무라 하여 각각의 시편마다 주제나 제목을 붙이고 범주에 따라 분류하는 짓은 그러면 또 몇 번을 헤아릴 것인가

허어 지금까지 살아온 성정상 못할 바 아니니 마땅히 해치우리라

그렇게 하겠다고 하였으나 미공도 시간흐름에 따라 시류에 적응하여 노회해져

옛날의 인쇄기술을 찾아보니 미공이 인생모토를 <나타나지 않음>을 유지하는 십여 년 동안에 기술혁신이 거듭되어 여러 가지 일이 가능해졌구나

그래도 우리 한민족 선조님들의 홍익인간 가르침에 따라

네 연으로 된 한시든 여덟 연 제대로 된 한시든 모두 같은 정성으로 대하리라

2022.07.08.

日省不給計當拂 일성불급계당불
乾期播種後未潑* 건기파종후미발
早**情栿***裕抱隣心 조정번유포린심
期始意流長皆達 기시의류장개달

날마다 당연히 내어주기로 되어 있는 것을 주지 않은 것을 반성하노라

가뭄에 씨를 뿌려놓고 물을 충분히 뿌려주지 못한 것을

가볍고 조급한 성정으로 속에 울타리를 쳐서 가까운 이웃의 마음을 보듬어주는 여유를 가지지 못함을

허어어 처음마음이 흐르고 흘러서 모두가 서로 닿아 인정하기를 기약하노라

2022.07.11.

---

* 물뿌릴 발 潑
** 이를, 서두를 조 早
*** 울타리 번 栿

雨期獨芻過歲情　　우기독추과세정
隣助廣多造歷積　　린조광다조력적
中妻子忽持面望　　중처자홀지면망
續至終家近成德　　속지종가근성덕

장마철 혼자 앉아 지난 세월의 독특한 사정들을 반추하노라

곡절마다 가까이 있었던 이들의 넓고 큰 도움 덕분에 육십오 년 역사와 살아온 자취가 만들어졌는데

그중에서도 아내와 세 딸들의 인내와 지지가 지금의 표정과 희망을 만들었구나

생이 마쳐질 때까지 지금처럼 살아가면 식구들과 가까이 있는 이들의 덕이 이루어질까

2022.07.13.

天玄默普圓眞一　　　　　천현묵보원진일
地蓄藏效圓勤一　　　　　지축장효원근일
人知能擇圓協一　　　　　인지능택원협일
中蓄藏知能效一　　　　　중축장지능효일

하늘은 아득함과 고요함으로 광대하구나 하늘이 추구하는 도(道)는 두루 미치어 삼라만상이 원만하게 되는 것이고 하늘이 하는 일은 만물이 참됨으로 하나되게 하는 것이고

땅은 하늘의 뜻을 모아서 쌓아 성대하구나 땅이 추구하는 도는 하늘의 뜻을 본받아 땅위의 모든 존재들이 원만하게 되는 것이고 땅이 하는 일은 한 순간도 쉼이 없이 땅위의 존재들이 하나되게 함이며

사람은 하늘과 땅이 만들어준 지혜와 능력으로 창(創)대하구나 인간이 추구하는 도는 곡절마다 선택을 잘하여 원만하게 되는 것이고 인간이 하는 일은 모든 존재와 협동하여 하나되게 함이라

이 가르침 중에서 모으고 쌓고 배워 알고 남을 도울 능력을 갖추는 것을 배워 하나되리라

2022.07.15.

마흔 일곱 분 단군님들 중 제11대 道亥단군께서 천제를 지내시고 백성들과 함께 나눈 맹세, 염표문
(원래 첫 세 행은 각 16자, 네번째 행은 17자로 되어 있음. 따라서 이번 시의 네번째 행만 필자가 쓴 것임.)

歌舞本始於天祭	가무본시어천제
表侍儀腹群心集	표시의복군심집
得統忠或昌未衰	득통충혹창미쇠
今層法興衆濺*粒	금층법흥중천립

노래와 춤은 본래 하느님 모시는 제의에서 시작되었다고 하는데,

하늘을 모시는 의식을 거행한다는 명분으로 백성들의 관심과 흥분을 (한 가지 신념으로) 모으려는 의도였다.

이를 통해 (나라 다스리는) 정통성과 백성들의 충성심을 얻어 다스리는 집단이 혹은 창성했었고 그러지 못하면 스러졌다.

오늘날에는 층층이 짜여진 법규와 흥유발 시스템(예컨대 스포츠, 트로트, 패션, 정치팬덤 등)으로 군중의 관심이 흩뿌려져 가루가 되었구나.

2022.07.18.

---

* 흩뿌릴 천 濺

完稿編輯於判型	완고편집어판형
豫紙數價出何處	예지수가출하처
刷術長遠業熟*寞	쇄술장원업숙막
搖**勿***知線索解去	요물지선색해거

백 편 넘은 한시를 시집으로 묶어낼 원고를 탈고하고 판형에 맞추어 편집을 마치고서

출판에 필요한 지질, 부수, 가격 등까지도 예정하고 있는데 허어 어디에서 출판하느나

인쇄기술이 개벽수준으로 발전했다는 말도 들리고 출판업과 멀어져 있던 세월이 길어 그저 막막하구나

이 문제는 지인들과 상의하여 연락처를 흔들어 털어서 찾아내어 해결하고 넘어가리라

2022.07.20.

---

* 익을 숙 熟

** 흔들 요 搖

*** 말 물 勿, 털 몰 勿

五答來招幼年懷	오태래초유년회
多男寡女家俗興	다남과녀가속흥
出刊與生夢是樂	출간여생몽시락
表月水金裏親應	표월수금리친응

오째가 홍대입구에 와서 옛날이야기를 회상하는구나

머스마만 많되 딸은 많지 않은 집안내력이 흥미롭구나

시집을 발간하는 것은 물론이고 담화 간에 또다른 꿈이 생겨 나는 것 이것이 즐거움이구나

월수금시집으로 만나 속으로는 서로 닿아 알아가고 닮아갈 수 있겠구나

2022.07.25.

荎*是置無用雜草　　치시치무용잡초
去瘡**通便制蟲效　　거창통변제충효
知容卽藥而勿草　　지용즉약이물초
遲得片識持康要　　지득편식지강요

쇠비름이 한갖 쓸모없는 잡초인 줄 치부하였더니
악창을 다스리고 대소변을 통하게 하며 몸속벌레를 제거해 주는 효능이 있구나
모든 식물이 그렇듯 그것을 알고 옳게 받아들이면 약이 되고 그렇지 않으면 그냥 풀에 지나지 않는 것을
주말농장 6년차에 뒤늦게 알게 된 쪼각알음이지만 편안함을 유지하는 데에 요긴하겠구나

2022.07.27.

---

* 한시 쓰는 앱에 쇠비름치(풀초머리艹 밑에 이치齒)가 없어서 일단 오미자치 荎를 씀.

** 부스럼 창 瘡

燥雨期桃甘多汁	조우기도감다즙
遲播籽*招充而疲	지파자초충이피
日熱熟完懸果實	일열숙완현과실
丰**芽脫頃土何時	봉아탈경토하시

햇볕 쨍쨍 마른 장마철 복숭아는 달고 과즙이 넘치는구나

늦게 뿌린 씨앗을 싹띄우기 위해 매일 아침 물을 뿌려주는 수고로 우리부부의 하루하루가 알차기는 하지만 피곤이 쌓이고

나뭇가지에 매달린 과실은 모든 것을 삶아버릴 듯 내리쬐는 뙤약볕 아래 수확시기를 맞추어가는데

어여쁜 리크, 열무, 쑥갓, 시금치의 싹은 언제만큼 이랑의 땅을 박차고 나오려는고

2022.07.29.

---

* 씨앗 자 籽

** 예쁠 봉 丰

性造化神之玄通 성조화신지현통
命敎神淩*留山川 명교신릉류산천
精治本欲觀我行 정치본욕관아행
止調禁至難忘言 지조금지난망언

사람의 성품은 삼신(조화신)이 드나드는 대우주의 암흑물질과 도 같은 통로요

목숨은 삼신(교화신)이 뭇우주 뭇은하수 뭇행성 모두를 하나 하나 밟고 와서 사람이 살아가는 자연에 올라앉아 계시는 순간이요

사람이 낳아 기르는 자손에게 이어지는 정기는 삼신(치화신)이 본래 사람이라는 것이 성품과 목숨을 '나'라는 명분으로 어찌어찌 움직이는지 보려고 이어주는 것이라지만

근본을 알고 실천하려 노력하는 사람으로 살면서 느낌을 멈추고 호흡을 조절하고 닿음을 금한다**는 것이 그렇게 어려워 더 붙일 말을 찾지 못하겠노라

2022.08.01.

* 올라탈 릉 淩
** 止感 調息 禁觸

性烈情誓非正常　　성열정서비정상
請介徒配盜流錢　　청개도배도류전
滿庫時無所脫群　　만고시무소탈군
是勿言統運策善　　시물언통운책선
以一知萬點些少　　이일지만점사소
服廉短任愼暗專　　복렴단임신암전
最慘者當罰於徒　　최참자당벌어도
莫放屬作謀繼傳　　막방속작모계전

나라의 문법을 무시하고 성녈로 발음해 제끼는 정과 맹세는 정상이 아니다.

문법을 무시하는 이들의 정서를 간략하게 표시해보자면, “이렇게 훌륭하게 문법을 무시하고 발음하는 나를 오빠들의 무리에 끼워넣어 주세요! 그리고 내가 받게 될 벌을 혐의가 없는 것으로 하여 무죄로 만들어주시고, 문법을 제대로 지키는 자의 자리를 빼앗아 나에게 그 벼슬을 내려 출세시켜주시고, 흘러다니는 주인 없는 돈 내게도 도둑처럼 나누어 주시고요!

그리하여 그 돈이 내 곳간에 가득차면, 주저하지 않고 뒤도 돌아보지 않고 오빠들 패거리에서 빠져드릴게!!”쯤 될 것이다.

이러한 정서(情緖)로 정통성을 말하지 말며 나라의 운, 어떻게 하자 하는 정책, 이렇게 하는 것이 옳다는 등의 말을 하지 말라.

하나를 보면 열을 안다는 말이 있고, 모든 사달은 사소한 데에서 출발하느니 점검하고 또 확인하라.

왕조시대 아닌 만큼 짧은 임기 청렴하게 복무하고, 인공지능인간이 활동하는 시대이니 만큼 보이지 않게 전횡하겠다는 유혹에 빠지는 것을 삼가라.

사람이 가장 비참한 경우가 어깨동무하고 나눠먹어온, 그래서 익히 안다고 생각하는 옛동지 패거리로부터 내려지는 형벌을 감당해야 하는 경우이니

가속과 패거리가 후계를 이으려 만들고 꾸미는 짓을 방기하지 말라.

2022.08.03.

景*枯柏苗九割上 경고백묘구할상
炭疽青蟲拃**蝕***勞 탄저청충찰식노
氣候遠天近人作 기후원천근인작
菌昆****然施嫌藥乎 균곤연시혐약호

복날이 될 때까지 오라는 비 내리지 않아 산에 심은 편백묘목은 뜨거운 볕에 구할 넘게 말라버리고

주말농장밭에서는 탄저병이 한창 자라는 고추를 쥐어짜 뒤틀고 청벌레가 양배추잎을 갉아버려 심고 기르는 노고조차 뒤틀리고 갉히우는구나

기후는 멀게는 하늘의 뜻이요 가깝게는 인간들의 탐욕이 빚어낸 결과이려니 하고 넘어갈 수밖에 없다 하지만

병균과 벌레는 사업이 아닌 주말농인데, 아니 주말농 아니라도 사람 먹을 식재료인데 과연 농약을 뿌려야 하는가

2022.08.05.

---

* 볕 경 景
** 쥐어짤 찰 拃
*** 좀먹을 식 蝕
**** 만 곤, 벌레 곤 昆

雨期降水憂農心	우기강수우농심
定史悠久價揆紉	정사유구가규유
挼*土配流驅蟲草	나토배류구충초
乘順通保命業維	승순통보명업유

두 번째 장마철 본격적으로 내리는 비가 농작물 키우는 사람들을 걱정시키는구나

유목시절을 마감하고 정주농을 이어온 역사가 유구한데도 농산물의 가격시스템은 미숙하여 아직도 순리에 맞추지 못하는데

흙을 매만지고 물흐름을 관리하며 해충과 잡초를 제거하는 마음은

그러저러 유통구조를 타고 흘러 인간이 먹고 배설하는 토대가 되어 그 목숨을 보전하여 인간이 이루고자 하는 천지의 업을 유지하고자 함일 것

2022.08.08.

---

*만질 나 挼

暫暴雨浮車壞生　　잠폭우부차괴생
此是彼是政沒時　　차시피시정몰시
被害非是初措無　　피해비시초조무
想九年洪水何以　　상구년홍수하이
國不宣而記書表　　국부선이기서표
可自肯自尊布利　　가자긍자존포리
勿制力創機造新　　물제력창기조신
遲殺器先救崇理　　지살기선구숭리

잠깐 동안의 엄청난 폭우로 자동차들이 둥둥 떠다니고 생계가 무너졌는데
정치는 이것은 이것이고 저것은 저것이라고 따지는 연극에 시간을 몰빵하는구나
물난리로 피해가 나는 것이 처음이 아니건만 그에 대비하는 조치는 없었구나
이러한 때에 단군조선 제2대 부루단군님께서 태자시절에 왕검단군님의 명으로 중국족의 존망을 위태롭게 하던 9년홍수의 치수법을 산동 낭야에 중국족장들을 소집해 가르쳐서 치수를 성공시켜 그 공으로 순임금이 요임금 다음으로 임금이 되게 한 옛역사가 떠오름은 무엇 때문이냐
나라에서 정권마다 치켜세워 가르치지는 않아도 열등국가들이 기를 쓰고 없애려 했던 우리민족의 역사기록과 서책들이 살아남아 보여주거늘
스스로 우수한 민족이라고 고개를 곧추 세우고 스스로 우리민족끼리 서로를 존중하면서 세계만방에 우리 문화가 가진 잇점을 널리 퍼뜨려야 하고
우리민족의 창의가 움직여 새로운 문물을 만들어내는 힘을 제약하지 말아야 하느니
예로부터 우리민족은 타민족에 비해 사람 죽이는 도구를 가지는 데에는 늦지만, 곤경에 빠진 상황을 타개해 구하고 사람 살아가는 이치, 나아가 태극기에서 보듯이, 우주의 이치를 존숭하는 데에는 항상 앞서왔지 않았느냐

2022.08.10.

詩集初刷五百部	시집초쇄오백부
五太熱督目性顯	오태열독목성현
注單度三百非賣	주단도삼백비매
是低版街之一面	시저판가지일면

작년(신시 5,918년, 서기 2,021년) 9월부터 저장하기 시작한 한시 118편을 묶은 시집 인쇄본 오백여 부가 도착했는데

한자부분은 검은 색으로, 풀이부분 한글은 연두색으로, 2도 인쇄한 덕분에 오째의 창의와 열정과는 달리 눈을 혹사시키는 바가 현저하여

본문을 1도 인쇄하고, 납품받았다가 반송한 오백여 부는 가격이 매겨져 있었지만, 재인쇄하는 삼백 부는 비매품으로 하자고 주문했노라

어허! 이러한 풍경은 인터넷으로, 스마트폰으로 가뜩 움츠러든 종이출판계의 한 단면일까?

2022.08.12.

修成版三百何喜　　　　　　수성판삼백하희
今配誇展興過　　　　　　금배과전흥과

월수금한시 시집 고쳐 인쇄한 삼백 부가 도착하니 얼마나 기쁜가
이제 시집을 "혜존" 하면서 나누어주고 자랑하고 보여주어 모처럼 흥겨워야 할 텐데

2022.08.16.

未省經路延南屋	미성경로연남옥
親姉妹懷二十年	친자매회이십년
酌而談酒而笑樂	작이담주이소락
忽*熟者疏**也歲然	홀숙자소야세연

익히 안다고 생각한 길을 헛갈려 하면서 엄청 걸어 희우정로 연남옥에 도착하여 보니

내가 고객이 된 지 이십 년 넘는 자매들이 모여 지난 세월을 수다떠는데

소주 한 잔에 이야기꽃이 피고 또 한 잔에 모두 웃으니 즐겁구나

문득 익숙한 것들이 새삼스럽게 느껴지는 것은 나이가 노년을 헤아리는 때문일까

2022.08.17.

---

* 문득 홀 忽

** 친하지않을 소 疏

過立秋爽*風減濕 과입추상풍감습
神妙節期非人作 신묘절기비인작
上古神人相與時 상고신인상여시
點時間爲續業覺 점시간위속업각

입추 지나니 시원한 바람이 장마철 눅눅한 습기를 덜어가는구나

24절기의 의미가 그때그때의 기후와 딱 맞아떨어지는 신기하고 오묘한 느낌으로 볼 때 절기는 인간의 작품이 아닌 것 같다

고대시대보다 더 먼 옛날에 신들이 인간들과 함께 지구라는 별에 문명의 초석을 다질 적에

인간들로 하여금 계절과 함께 변화와 함께 식의주를 해결해 업을 이어가는 방책으로서 시간흐름에 점을 찍어 잊어먹지 말라 한 것 아닐까

2022.08.19.

* 시원할 상 爽

執一含三者何也　　　　집일함삼자하야
含性命精韓存人　　　　함성명정한존인
心氣身構貴尊品*　　　　심기신구귀존품
調感息觸意行眞　　　　조감식촉의행진

집일함삼이라는 것이 무엇일까 (하나를 집었는데 셋이 딸려오다니 이런 횡재가? 이게 무슨 조화??)

사람이라는 하나의 존재에 성품과 목숨과 정기 셋이 머금어져 있고

마음과 그 마음을 표현할 수 있는 기운, 그리고 마음과 기운이 깃들어 있는 몸, 이 세 가지가 만물 중 가장 존귀한 존재를 이룬다

이러한 존재론 또는 인식론은 이해/불이해, 찬반 등으로 갈려 그러려니 하겠지만, 느낌 숨쉼 접촉 이 셋을 조절한다는 뜻을 세우고 구하려 하면 진리에 다가설 수 있을 것이다.

2022.08.22.

* 造化之神降爲我性敎化之神降爲我命治化之神降爲我精故惟人爲最貴最尊於萬物者也 - 『단군세기』<서문> 중에서

會三歸一者何也 회삼귀일자하야
含三之三異會三 함삼지삼이회삼
無名不定忽覺道 무명부정홀각도
捨含三得會三感 사함삼득회삼감

집일함삼이 그러하다면, 회삼귀일이라는 것은 무엇일까?

회삼귀일 할 때의 삼은 집일함삼 할 때의 삼과는 다르다.

성명정 셋, 심기신 셋, 감식촉 셋, 이들은 함삼의 삼이고 회삼의 삼은 한 가지 두 가지 세 가지 또는 하나 둘 셋 등으로 헤아릴 필요가 없는, 득도 또는 각성 직전에 잡히는 무명의 삼으로서 인생, 수행 등을 결론짓는 삼이다.

함삼의 삼을 충실히 느끼면서, 충분히 싸우고, 조정하는 수행을 경험한 후 버림으로써 회삼의 삼을 느껴볼 기회를 얻어 귀일*할 수 있으리라.**

2022.08.24.

---

* 하나로 돌아간다는 뜻일진대 이것도 집일의 하나와는 다르다. 집일은 시작(始作)인 반면에, 귀일은 득도, 성불, 입열반 등을 의미할 것인데, 어쨌든 종착(終着)을 의미한다.

** 지금까지 어느 도문에도 입문한 적 없고, 법화경은 표지도 보지 못한 상황이지만, 주신(酒神)이 흩뿌리는 흥 한 줄기 붙잡고 의견을 적어봄.

播蔔*見收縢**是秋　　　파복견수승시추
旱暴雨溶去夏菾***　　　한폭우용거하첨
芹****鈴草柿韭*****瓜盛　　　근영초시구고성
新菹*新家味單添　　　신저신가미단첨

이랑 두둑하게 만들어 무씨를 뿌려 덮어주고 고개를 들어 참깨 털 시기를 가늠하니 문득 가을이구나

가뭄과 예기치 못한 폭우로 여름상추는 녹아버렸어도

미나리, 방울토마토(鈴草柿), 부추, 오이는 잘 자라서

오이부추김치와 미나리김치가 새로이 무더위에 지친 식구들의 입맛을 돋우는 메뉴에 더해졌구나

2022.08.25.

---

* 무 복 蔔
** 참깨 승 縢
*** 상추 첨 菾
**** 미나리 근 芹
***** 부추 구 韭
* 김치 저 菹

秋夕促步煩謝話　　추석촉보번사화
穀果熟黃天漸高　　곡과숙황천점고
遠隔親知期再會　　원격친지기재회
財集人和打豊鼓　　재집인화타풍고

추석이 다가올수록 사람들의 발걸음이 바빠지고, 주고 받는 인사대화가 고마움으로 채워지고 있구나

들판의 곡식과 농장의 과실은 노랗게 익어가고 구름 없는 푸른 하늘은 점점 저만치 높아가고

멀리 떨어져 생활하던 일가친척들은 다시 만나 지난 회포를 나눌 것을 손꼽아 기다리는구나

삼신할머니와 조상님들께 감사드릴 재화가 모이고 사람들은 모여 화목하니 더도 말고 덜도 불요한 풍성한 기운으로 북을 울려 한가위를 즐기리라

2022.08.26.

播種秋葍殘*雨濺**	파종추복잔우천
異春給水減勞手	이춘급수감노수
雜草綠蟲是如前	잡초녹충시여전
謝不施藥菜伸厚	사불시약채신후

가을무 씨를 뿌리고 나니 장마끝물로 내리는 비가 때때로 흩뿌려져

봄에 파종했을 때와는 달리 물 뿌리고 다듬는 일손이 덜어지는구나

둑과 고랑에 끊임없는 생명력으로 자라나는 잡초와 키우는 채소의 녹색 잎에 구멍을 내는 청벌레는 여전하지만

고맙게도 농약을 쓰지 않겠노라는 우리의 다짐을 보여주듯 가지, 깨, 대파, 미나리, 부추와 가을상추는 잘 벌어져 두꺼워지는구나

2022.08.29.

---

* 남을 잔 殘

** 흩뿌릴 천 濺

神人相與有複意	신인상여유복의
上古神造人共存	상고신조인공존
俗世接神巫常要	속세접신무상요
添慮人神啓創滾*	첨려인신계창곤

신과 인간이 더불어 함께하여 하나가 된다는 말은 여러 가지 의미를 가질 것이다

그 중 하나는 아주 먼 먼 옛날 신들**이 지구라는 별에 살던 갖가지 자생동물들을 대상으로 자신들의 유전자를 조정하여 주입한 뒤 번식력과 노동력을 판별하여 인간을 선택하고 지구상에서 같이 존재하던 시대가 있었다는 역사를 말함이고

또 하나는 인간이 섞여사는 세상에서 인간 스스로 해결할 수 없는 상황이 생기거나 다른 뜻을 펼치고자 그 정당성을 추구할 때에는 항상 신이 깃들어 있다는 인간인 무당을 필요로 했었다는 점이다

의미를 하나 더 붙여, 인간을 염려하는 신들이 인간이 당시까지는 생각하지 못했던 문물들을 새로이 우연의 방식으로 또 창조라는 이름으로 만들어 사용하여 번성하도록 꿈속에서든 생시에서든 계시하여 가르쳐왔다***는 사실을 말해야 한다

022.08.31.

---

* 넘쳐흐를 곤 滾

** 창세기 1장 26절에 처음으로 "let us ...", "... our ..." 등의 표현이 나타난다. 이전 절에서는 모두 "let (목적대상) ..."의 표현이지만, 인간을 만드는 부분에서는 복수, 즉 무리를 일컫는 표현이 사용된 것이다.

*** 베르나르 베르베르의 소설 『신』을 읽어보기를 권한다.

欲報餠來錢魚皿* 욕보병래전어명
果然受詩集客備 과연수시집객비
酌按酒孤樂未謝 작안주고락미사
各房情況面次時 각방정황면차시

서리태 넣은 백설기를 받은 것에 보답하려 했더니 전어회 접시가 나오는구나
알고 보니 전에 내 한시집을 받은 음식점 고객이 자신의 안주를 외부에 주문하면서 내 몫까지 준비한 것이라 하네
그 안주로 술을 홀로 따라 마시니 그 또한 즐거우나 감사의 뜻을 전하지 못하니
방마다 상황이 달라 노크타이밍이 어려우므로 다음 기회에 얼굴을 보면서 인사를 전하리라

2022.09.02.

---

* 그릇 명 皿

汝予善惡正邪然 여여선악정사연
擇一方勝而認仰 택일방승이인앙
是制選枝乾人感 시제선지건인감
疏作意通良議奬 소작의통양의장
不二者元誤不異 불이자원오불이
恒求福常願財望 항구복상원재망
坐適中觀自奴狂 좌적중관자노광
包謙廣議受計上 포겸광의수계상

너와 나 선함과 악함 옳고 그름 - 세상만사를 이렇게 둘로 나눠 구분하고서

둘 중 하나를 선택해 다른 한 쪽을 이겨야 인정해주고 떠받들고 환호하는데

이는 사람들로 하여금 선택할 수 있는 가능성을 두 가지로 제한해버리고 촉촉하고 다양한 느낌을 말려버리는 일이라

마음 먹은 바를 서로 말하여 통하고 좋은 뜻들이 모아져 번지는 것이 권장되거늘

흔히 신토불이라 하여 <둘이 아니라>고 표현하는데 이는 원래 <다르지 않다>는 불교용어를 상업적 목적으로 틀어서 활용한 것이거늘

항상 복을 빌고 세상 사람들 모두 풍족한 시절이 오기를 바란다

적당하게 가운데 앉아서 살펴보면 둘로 나뉘어 스스로 노예가 되어 어떤 가치나 이념에 미쳐가는 것이 관찰되는데

겸손하고 폭넓게 의견을 상의하고 따져서 모두가 한 단계 발전하여 올라가도록 다들 보듬어가리라

2022.09.05.

想仲秋滿月懸淸	상중추만월현청
望萬人心復*裕圓	망만인심부유원
當戰颱**價暴***高歎	당전태가포고탄
常劉****難復穩家勸	상유난복온가권

올 추석 맑은 하늘에 걸린 보름달을 머릿속으로 그리며

모든 사람 마음들이 다시 여유를 되찾아 맑게 걸려있는 달처럼 둥글둥글 하기를 희망해보는데

(러시아가 우크라이나를 침공해 벌어진 계획된)전쟁과 태풍 힌남노를 당하여 물가는 모질게 높아져 모두가 탄식하며 걱정 태산인 상황이지만

언제나 그렇듯 이깟 어려움 다 이겨내고 따스하고 편안함을 회복하여 모든 가족들이 준비한 차례음식 음복을 서로 권하리라

2022.09.08.

* 회복할 복, 다시 부 復

** 태풍 태 颱

*** 사나울 폭, 모질 포 暴

**** 이겨낼, 승리할 유 劉

週末農往往奇妙　　주말농왕왕기묘
殘陽不變向夕夜　　잔양불변향석야
人而*競自轉速度　　인이경자전속도
於此彼日來擴野　　어차피일래확야

주말농장에서 일하다 보면 때때로 이상하고 묘한 느낌을 경험하게 된다

하루 동안 만물을 비추고 남은 해는 붉은 낯빛을 서쪽하늘에 드리우면서 변함없는 속도로 저녁과 밤으로 향해 가는데

어떤 이가 그 날 하기로 정해놓은 일을 마무리하려 서두르는 모습이 마치 지구의 자전속도와 경쟁하는 것 같구나

어차피 날은 변함없이 또 오고 지금은 해가 다 넘어가 보일까 말까 하는 주말농장은 빛으로 가득 차 보이는 범위가 온 들판으로 넓어질 것을

2022.09.13.

---

* 말이을, 같을 이 而

國猶*形史猶魂者　　국유형사유혼자
史學不明國本搖　　사학불명국본요
三國高麗統中國　　삼국고려통중국
半島敎科何時了　　반도교과하시료

나라는 형체와 같고 역사는 혼과 같다는 행촌 이암 선생님의 말씀

그 말씀은 역사를 밝히는 사학이 병들고 불분명하면 형체인 나라의 근본이 흔들리고 나라백성들은 흥(興)하지 못한다는 내용이다

고구려 신라 백제 그리고 고려 - 우리의 옛 역사가 발해만을 아울러서 중국의 동해안 전 지역을 다스렸다는 것이 이제 한중일 정통사서로, 과학(천문학)으로 속속 밝혀지고 있는데

권력욕에 휩싸여 옳고 그름의 판단도 없이 무슨 동네깡패들처럼 한민족의 활동무대와 사람의 생각 그 자체를 한반도로 스스로 가두어버린 이씨조선과 일제합방 후 총독부의 조선사편수회 이 둘의 결과적 합작으로 생겨나 지금도 정식적으로 가르쳐지고 있는 역사교재는 언제쯤 그 거짓의 추악함과 함께 없어질 것인가

2022.09.14.

---

* 오히려, 가히 유 猶

性理學求名蔑實　　　성리학구명멸실
招倭亂又被奪形　　　초왜란우피탈형
名非名命要應創　　　명비명명요응창
中諺龜若義開令　　　중언구약의개령

조선* 오백여 년 동안 권력층과 얼빠진 선비들은 오로지 실질영양가 제로인 성리학에 빠져 명예를 다투는 권력싸움에 미쳐돌아 나라 나아갈 길, 백성들 배불리고 등 따습게 하는 일은 멸시했다

결과로 나라 세운 지 딱 이백 년 만에 일본**의 침입을 당하여 칠 년 동안 금수강산과 백성들이 할큄을 당한 뒤 또 삼백여 년 만에 이번에는 나라를 빼앗겼다

이름이야 빛나든 않든 명예야 있든 없든, 백성도 나라도 목숨과 연속성을 이어가려면, 이름과 명예를 보듬고 어찌 할 줄 몰라 할 것이 아니라, 변화하는 환경을 정확하게 보고 그에 적응하고 맞추면서 남다른 특장을 만들어야 하거늘

그 중 다행으로 세종대왕님 한글(한글은 韓字로 諺文이라 표시한다), 이순신 장군님 거북선, 정조대왕 시절 과학을 현실에 적용하신 정약용 대감님, 그리고 한일합방으로 나라 빼앗긴 뒤 국내에서 해외에서 독립을 염원하며 힘 모아 목숨 바쳐 싸운 의병독립군과 독립투사들은 2022년 현재 갖가지 한류로 세계를 호령하는 대한민국을 열어주셨구나

2022.09.16.

---

* 조선 1392년 개국, 1910년 일본에 합방당함. 1910-1392=518년

** 왜(倭)는 670년에 이름을 일본으로 개칭하여 사용하기 시작하였다. 임진년(1592년)에 일본이 쳐들어와 온갖 분탕질을 한 것을 임진일란이라 하지 않고 마음으로라도 멸시해보고자 왜란이라 칭하고, 정작 삼백 년 후에는 국제환경이나 상대방의 상황을 무시하며 지낸 후과로 나라를 빼앗겼고, 우리의 혼(魂)인 역사도 완전히 분탕질을 당했으며, 분탕질된 내용의 역사를 지금까지도 학교에서 가르치고 있다.

騰黑虎九月孫悅　　등흑호구월손열
兒名好郎本親定　　아명호랑본친정

임인년 구월에 까만 호랑이 등에 올라앉아 나타날 손자놈 생각할수록 기쁘고 흐뭇하구나

아명으로 놈이 삼대 째 호랑이이고 양가 어른들을 포함해 삼촌 이모들 모두를 기쁘게 하고 또 예쁨을 두루 받으라는 뜻으로 "호랑(朴好郎)아"로 신고하여 필요한 사회적 일들을 우선 처리하고 본명은 친가어른들의 고견을 모아 정할 것을 기대하노라

2022.09.19.

暫悅孫越月水金 잠열손월월수금
考選擧未完而是 고선거미완이시
選者其統當尊表 선자기통당존표
通網克言造意異 통망극언조의이

곧 태어날 손자를 생각하고 흐뭇해하느라 오늘 월수금한시는 그냥 넘어갈까 잠깐 생각하다가

민주주의의 꽃이라 하는 선거제도를 생각해보자니 부족한 점이 없지 않으나 법령과 규칙으로 정해졌으니 어찌 하겠나

당선된 사람은 그 사회의 법통을 이어받았으니 당연히 그 사회의 대표로서 존중되어야 하거늘

인터넷 유튜브 등 발전된 통신기술 덕분에 소통효과가 기존언로를 넘어 여론을 다르게 만들어가는구나

2022.09.19.

傳習著*錯**必改正　　　전습저착필개정
前朝士取利抛義　　　전조사취리포의
因魂絶族氣難興　　　인혼절족기난흥
渦***用韓詩望一喜　　　와용한시망일희

수천 년 이어져온 전통 관습이라도 도리에 맞지 않음이 드러나면 반드시 이를 바르게 고쳐야 한다

현재의 대한민국 직전 왕조의 사대부들은 자기들 집단이익은 붙잡아 누리는 대신 마땅히 해야 할 일들은 던져버렸다

그로 인해 우리 한민족의 역사혼이 왜곡되어 끊어지고 민족정기(族氣)는 떨쳐 일어나기 어려웠다

엄중한 역사전쟁 와중에 漢詩라는 왜곡 하나를 뭉개버리고 그 대신 韓詩를 널리 사용함 - 이것이 한 기쁨이기를 바라노라

2022.09.21.

---

* 드러날 저 著
** 어긋날 착 錯
*** 소용돌이 와 渦

選者宜*表保民益	선자의표보민익
投票終須集意創	투표종수집의창
派唆**言忙***求法判	파사언망구법판
法亦不完何眞望	법역불완하진망

몇 표 차이이든 당선된 사람은 나라를 대표하고 국민과 국가의 이익을 지키는 직무를 담당하는 것이 마땅하다

투표가 끝났으면 모름지기 여의도에 모여 밤을 새워가며 의론을 다투어 모으고 전에 없던 새로운 뜻도 만들어 내야 하는데

선거본부는 해단식 사진만 거하게 촬영하고 그대로 파당을 유지한 채 언론을 부추겨 또는 언론에 부추김을 당해 자기들의 본업 그 자체를 남에게 그것도 엄연한 삼권분립도 무시한 채 정부(正否)를 판단해달라고 법원에 달려가기 바쁘구나

하물며 입법도 행정도 그렇거늘 법도 법원도 완전하지 않은데 무슨 진실이 밝혀지기를 바라겠는가

2022.09.23.

---

* 마땅 의 宜
** 부추길 사 唆
*** 바쁠 망 忙

國本於票前異後　　　국본어표전이후
故民監言視三部　　　고민감언시삼부
是持韓精而徹*蒼　　　시지한정이철창
添坐廉**協樂底宇　　　첨좌염협락저우

현대에 이르러 국가의 근본은, 그러니까 정권의 시작은 국민의 투표로부터 비롯되는데 투표 이전과 그 뒤의 날들이 달라도 너무 다르므로

표를 던지는 국민은 여러 편향성을 지닌 언론들을 감시하고 국회 정부 법원 세 권력을 주시해야 한다

그래야 간도 북만주 남만주 요하동서 연경 산동반도 중원 그 넓은 평원과 구오(吳) 구월(越) 중국동해안 해남 월남 필리핀을 아우르던 한민족 조상님들의 정기를 잇고 온 인류를 앞장서서 이끌면서 저 창공을 뚫고 우주로 나아갈 것 아닌가

더하여 그 우주 밑바닥에 염치, 협력하는 심성과 즐거움을 아는 심성을 깔아두면 더 좋을 것 같다

2022.09.26.

---

*뚫을 철 徹
** 염치 염 廉

史實歷歷啻*空虛　　사실역력시공허
是雙七物活心滅　　시쌍칠물활심멸
兩率辱**最勿望善　　양률욕최물망선
汝合聲行民胂***熱　　여합성행민신열

나라의 혼(魂)인 역사, 그 사실(事實)기록이 한국 중국 일본의 정통사서에 역력하거늘 교육과정에는 전혀 반영되지 않고 조선총독부 조선사편수회가 왜곡한 거짓내용만 나열되어 있어 공허할 뿐

이는 광복 후 칠십 칠 년 동안 관주도 경제개발 민몰입 속탈(速脫)빈곤 노력 덕분에 경제물자는 선진국을 운위할 정도로 활발해진 반면에 마음은 조선사편수회의 의도(조선인으로 하여금 자기의 나라를 미워하고 부끄럽게 여기도록 역사를 없애고 왜곡한다)가 제대로 먹혀들어서 자존감이 무너진지라

오이씨디(OECD) 국가 중 두 가지 비율이 수치스럽게 최고인데, 자살률 1위에다가 출산율 최하위 - 이는 조선총독부의 목표활동이 대단히 성공적이었다는 것인바 가까운 시일 내에 개선될 희망은 없는데

국민의 대표로 뽑힌 여의도 너희들아! 이 문제만큼은 싸우지 말고 딱 합의해서 국민들이 들어보지 못했던 성명을 발표하고 실행에 옮기라. 그리하면 나라백성들은 기지개 활짝 켜고 다시 열심히 뛸 터이니

2022.09.28.

---

*뿐 시 啻
** 욕되게할 욕 辱
*** 기지개켤 신 胂

有投部或覺或眩* 유투부혹각혹현
是啻暫求樂支流 시시잠구락지류
欲醒**性須***坐寂選 욕성성수좌적선
勳薦****瞑想一導手 훈천명상일도수

2005년부터 시작된 유튜브(有投部; 현대생활에 없으면 안 되는 인터넷을 타고 마구 퍼지는 유형(部)이 있는데(有) 진짜든 가짜든 소식 주장을 광고(수입원)와 섞어서 마구 마구 던져댄다(投); 韓字名자작)를 활용하는 유튜버들이 혹은 몰랐던 것들을 알려주기도 하고 혹은 사실을 과장왜곡해 사람을 현혹하는데

이는 사람의 의견을 형성하는 데 도움을 주는 모양을 보이기는 하지만 본류는 아니고 잠깐 시간을 보낸다든가 어떤 즐거움을 구하는 하나하나의 흐름일 뿐이다

그에 휘둘리지 않고 내 의견의 본질을 깨워 느끼려면 조용히 앉아 선택해야 하느니

여기에 오늘 벗 이성훈이 추천한 명상유튜브가 사람을 이끌어 주는 하나의 방법일까

2022.09.30.

---

* 현혹할 현 眩
** 깰 성 醒
*** 모름지기 수 須
**** 천거할 천 薦

性元遺傳子之像	성원유전자지상
添驗覺獨進琢*質	첨험각독진탁질
須母父護勿望其	수모부호물망기
今痛哀堅持生一	금통애견지생일

품성(성품)은 기본적으로 선조갈래로 유전되는 바(品格, 品能, 品意)가 나타나는 모습인데

여기에 직접 간접 경험과 (시간을 살아가면서 얻은) 깨달음이 더해져 홀로 다듬어가는 바탕이라

모름지기 어미아비는 보호하되 절대로 무엇(其; 되기를, 해주기를)을 바라지 말아야 하는데

이 지점 미공은 세 딸들에게, 특히 첫딸에게 "미안하다" 수억 번 해도 모자랄 것이고 금생에서 내내 애통함을 가지고 가야 할 것이다

2022.10.04.

*쫄 탁 琢

韓詩慾逐*交親友	한시욕축교친우
過甲年殘拱**把緣	과갑년잔공파연
然此齡汝等亦奔	연차령여등역분
計考七二歲千片	계고칠이세천편

월수금요일 한시 쓸 욕심으로 벗님들 만나고 즐거움을 나눌 기회가 밀려나는구나

환갑을 훌쩍 넘긴 나이에 한 줌 남겨진 인연들인 것을

그렇기도 하지만 이 나이에 너희들도 역시 인생 후반전을 치르느라 분주할 것이니 추억과 그리움으로 친교를 대신할 밖에

그 생각으로 계산해보니 일 년 오십 이 주, 주당 월수금 세 편, 나이 일흔 둘이면 천 편 되려나

2022.10.05.

* 쫓을 축 逐

** 拱把(공파) : 한 줌

醉醒間飛來閃往 취성간비래섬왕
店主奔忙客聲擾* 점주분망객성요
初秋涼風弄暮雲 초추양풍농모운
憶楓**景片心孔了 억풍경편심공료

작은 소주잔은 횟수가 쌓이고 취할락 말락 하는 사이에 날아든 이 생각 빛처럼 사라지고 저 생각은 또 날아드는구나
주점주인은 손을 맞느라 분주한 가운데 객들 떠드는 소리는 요란하고
더위 물러간 초가을 서늘한 바람은 지는 해에 물든 버얼건 구름을 이리저리 까불리는데
소싯적 단풍구경을 떠올리자니 한 쪽 가슴이 뚫어져버려 메울 길이 없구나

2022.10.07.

---

* 시끄러울 요 擾
** 단풍나무 풍 楓

苦集滅八正道也	고집멸팔정도야
佛者行階人蓄底	불자행계인축저
養開先進尖端世	양개선진첨단세
韓之特能倣不許	한지특능방불허

인생은 생로병사라는 고통의 바다(苦海)이고 고통은 번뇌덩어리에서 비롯됨을 알고 번뇌를 멸한 후에 여덟 가지 올바른 수행을 통해 도에 이른다.

이는 불자들이 밟아가는 수행계단인바, 불자행을 생략한 속세 인간들은 이를 자신의 지식창고 바닥에 깔아두어

그를 자양분 삼아 반도체 방위산업 전기수소차 해수담수화 원자력발전 등 전 세계 1위의 선진 첨단세를 열어가는데

이는 갖가지 고통에 굴하지 않고 난제들을 올바르고도 창의적으로 타개해나가는 한민족 특유의 본질적 능력으로서 타민족이 따라하기를 허락하지 않는구나

2022.10.11.

宇宙有物心兩面 우주유물심양면
物性無始無終體 물성무시무종체
修行背根人慘多 수행배근인참다
不現無言自膨勢 불현무언자팽세

우주는 물리적인 설명도 있고 그것을 생각하는 인간의 심리적인 활용도 있다

물리적 설명으로는 우주가 그냥 빵! 터져(빅뱅) 46억 년 나이를 먹었다고 하는데, 이것은 인류문명의 무한발전을 자극하는 의미 이상도 이하도 아닌 그야말로 시작도 없고 끝도 없는 물(物) 그 자체이고

(심리적으로는) 종교수행을 닦는 사람들에게는 뒷배경의 든든한 뿌리가 되는 한편, 속세 사람들에게는 목적에 따라 상황에 따라 그 명칭의 쓰임이 처참할 정도로 다양하다

(우주는) 그러거나 말거나 물 자체 그 의도를 드러내지 않고 말없이 스스로 그 몸체 세력을 팽창하는구나

2022.10.12.

防産實力開肩廣　　方산실력개견광
皆彈財閥撐發創　　개탄재벌탱발창
願持國運勇進世　　원지국운용진세
汎韓義是非精仰　　범한의시비정앙

우리나라의 방위산업 연구결과가 미국 러시아 호주 프랑스 폴란드 사우디 이집트 인도 중국 인니 말레이 일본 등 세계 여러 나라의 시기심 어린 찬탄을 받으며 결실을 맺는 것을 보니 으쓱해지는구나

이는 한때 모두가 삼성 현대 SK 한화 등 재벌기업을 지탄한 적도 있었지만, 그 기업들이 버티고 버티면서 배우고 연구해서(우리국민들이 밀어줘서) 무엇인가를 가르쳐준 외국인들도 놀라는 창의를 구현해온 바이거늘

원하기는 우리나라의 운이 이대로 유지되어 재벌기업들 뿐 아니라 모든 한민족이 세계로 용진하여

한민족 홍익인간의 뜻을 널리 펼쳐서 뜻에 적합한 이것이 '메이드 인 코리아' 맞다고, 짝퉁에 대해서는 "구다라나이*"라고 다투어 하늘에 대고 외치게끔 해야 하지 않겠는가

2022.10.14.

---

* 4세기경부터 일본이, 당시는 왜(倭)라 불리웠지만, 백제로부터 문명을 배우고 익히는 시절에 백제에서 직접 물 건너 온 물건을 최고로 여기면서 이를 흉내내어 만들거나 품질이 떨어지는 물건에 대하여 백제(구다라)물품이 아니(나이)라고 무시하던 풍조를 가리킴. 최근에도 최고제품이 아니라고 표현할 때 사용하는 말이다.

落葉風展*寒氣滲**	낙엽풍전한기삼
曆指霜降有節備	역지상강유절비
片農***初夫不知時	편농초부부지시
悤****暮日與風摺*****尾	총모일여풍접미

낙엽은 바람에 뒹굴어 발길에 채이고 한기가 아직은 얇은 옷속으로 스며들어

책력을 살펴보니 상강이 가까워 서리에 대비해 할 일이 있는데

주말농 초보농부는 절기에 맞추어 해야 할 일의 시기를 모르고

바삐 저무는 해는 차가운 바람을 타고 꼬리를 접는구나

2022.10.17.

---

* 구름 전, 뒹굴 전 展

** 스며들 삼 滲

*** 편농 : 농사를 사업목적으로 專業하지 않고 주말농장처럼 이따금씩 일이 있을 때에만 가서 작물을 돌보는 것(自作)

**** 바쁠 총 悤

***** 접을 접 摺

宿情也欲忘痕骨	숙정야욕망흔골
添憂拳藥友憶煽*	첨우권약우억선
六六歲負緣何生	육육세부연하생
悠**涉***山雲留處憲	유섭산운류처헌

잊어버리려 해도 뼈에 흔적이 남아 지워지지 않는 것이 쌓이고 묵은 정이라

거기에 한 움큼씩 약을 먹는 벗 근심이 더해지니 옛기억이 부채질을 탄 듯 피어오르는구나

짧지 않은 예순 여섯 세월 동안 보듬고 업고 온 인연은 또 얼마나 생생한가

아득하다 저 산 너머 흰 구름 머무는 곳 그곳이 내 벗 김종헌이 있는 곳이로구나

2022.10.19.

---

* 부채질할 선 煽
** 멀 유 悠
*** 건널 섭 涉

國宣勞作去鬱火	국선노작거울화
朱明狂暴塗史僞	주명광포도사위
要李改二史焚外	요이개이사분외
謝集㜷*正地吾貴	사집미정지오귀

국선 김진경님의 인생에 걸친 절대걸작 중 『조선천축』, 『태백과 압록』, 『관미와 고평』, 『계림과 금관』, 『참전8계』, 『명리학의 비밀』 등을 인터넷서점에서 주문하여 읽고 보니 나의 인생에 걸친 우리역사에 대한 스트레스가 일시에 치유되었다.

어찌 어찌 몽골을 북방으로 몰아낸 명이 미쳐 날뛰다 못해 원래 미천했던 자기들 자존감을 세우려 사마천의 사기 포함 25개 대표적 역사서를 전면 지우고 허위로 고쳐쓰면서 역사적 지명을 모두 북으로, 동북쪽으로 이동시켜 역사를 은폐하고

현재 신의주 근처의 압록강 위화도가 아니라 현재 중국 북경 남쪽 하북성 안평현 근처의 압록수(현재 호타하) 위화도에서 회군하여** 현재 하북성 천진시에 있던 고려를 폐하고 건국을 주창(1392년)한 그 그 이듬해(1394년)에 현재 대한민국 서울인 한성으로 살림을 옮긴 (이씨) 조선에 요구하기를, 삼국사기 삼국유사 두 가지 한민족 사서는 자기들 역사서 뜯어고친 날조취지(중국의 욕된 역사는 삭제하고 한민족역사는 축소한다)에 맞게 허위로 고치고*** 나머지 상고사 포함 모든 역사서는 수거하여**** 불태우라 했다(통탄).

거짓으로 얼룩진 상태로 남겨진 역사서를 들춰내어 덜 문드러진 역사사실 쪼가리를 모아 한민족의 고유 역사지명을 바로잡아 우리민족이 인적 품성 반도체 방위산업 원자력 K-Culture 등 전 세계로부터 러브콜을 받을 만큼 귀해질 자격이 있다고 일깨워준 국선께 감사드린다.

2022.10.21.

---

* 문드러질 미 㜷

** 김진경, 『백제 900년의 비밀 관미와 고평』, 2015, 92쪽

*** 실제로 연산군을 폐위하고 반정한 약점을 가진 중종의 7년(1512년)에 『삼국사기』 제4차 목판본 판각을 만들면서 원본의 내용을 모두 뜯어고쳐 비틀고 제목도 『삼국사』로 하였다. (김진경, 『만천년 역사의 비밀 태백과 압록』, 2014, 33쪽)

**** 『조선왕조실록』에 따르면, 세조3년(1457년), 예종1년(1469년 9월), 성종1년(1469년 12월) 등 세 차례에 걸쳐 예조와 팔도관찰사에 천문, 지리, 음양에 관한 모든 서적들을 수거하도록 명하고 숨기거나 바치지 않는 백성을 참하였다. (김진경, 『동방의 비밀(Ⅰ) 조선천축』, 2018, 13~14쪽)

神在吾奧通宇宙　　신재오오통우주
實感度微中萬差　　실감도미중만차
願神巫導連夢仙　　원신무도연몽선
然得慰廉*心事何　　연득위염심사하
儒家不別言而祖　　유가불별언이조
寺亦無而從釋迦　　사역무이종석가
人要神由安特分　　인요신유안특분
面神以知能協和　　면신이지능협화

신은 인간 의식 깊은 곳에 존재하면서 우주와 통한다

몸속 정신속 무의식속 신은 통하되 인간이 실제로 느끼는 정도는 없는 것과 마찬가지로 미미한 가운데 그것도 사람마다 모두 다르다

속세에서 신을 원할 경우 무당(white shaman, black shaman)이 그 사람의 무의식을 헤집어 그 속 신을 안내하여 현실과 다른 세계의 신선과 연결해준다

그래서 위안을 얻기도 하고 관심사가 어떻게 될 것인가를 엿보기도 한다

조선이 명나라를 사대주의로 모시면서 나라 다스리는 이론으로 채택한 유교에서는 신을 따로 말하지 않는 대신 조상위패 모심을 말한다

절이 상징하는 불교 역시 신에 대한 논의는 없고 석가모니를 따르라고 한다

인간이 신을 필요로 하는 이유는 안락함을 빌거나 정도를 넘어선 무엇을 차지하는 명분을 얻고자 함이지만

이제 근본을 보려면, 사람마다 타고난 지혜와 능력을 활용하여 협동하고 조화를 이루어서 저 깊은 곳에 자리하고 있는 저마다의 신을 마주하자

2022.10.26.

---

* 청렴할 염, 엿볼 염 廉

一路始白面善隣	일로시백면선린
二段締債權微笑	이단체채권미소
三階待時無表情	삼계대시무표정
四顧非援令變傲	사고비원령변오

일대일로는 무엇인가 부족한 나라에 찾아가 서로 이웃처럼 잘 지내자는 얼굴로 시작하여

두 번째 단계에는 아직 웃음기가 덜 사라진 얼굴로 채권채무계약을 체결하고

세 번째 단계에는 그 나라의 발전노력을 보이지 않는 곳에서 무산시키면서 표정없는 얼굴로 채권을 행사할 시기만을 기다리다가

사방을 둘러보아 그 나라 돕는 힘이 없으면 본국지령에 따라 갑자기 노예를 대하듯 오만한 얼굴로 변한다

2022.10.28.

(남태평양 작은 섬나라 바누아투에 대한 유튜브를 보고나서)

疫疾三年抑壓興　　역질삼년억압흥
瞬變擸*青數不知　　순변랍청수부지
言人災乎非哀心　　언인재호비애심
前法慰親協順理　　전법위친협순리

코로나19로 삼 년 동안 억눌렸던 흥이
일순간에 변하여 수를 셀 수 없이 많은 청년들을 하늘로 데려갔구나
이태원의 사고가 인재냐 아니냐 말하는 것은 사고를 슬퍼하는 마음이 아니다
법을 손에 들고 이렇다 저렇다 하기 전에 이번 사고를 기점으로 생떼같은 자식을 잃은 부모 위로하는 그 진심으로 인간의 기본도리인 협동을 이루어 이치에 따라야 하느니

2022.10.31.

---

* 꺾을 랍, 데려갈 랍 擸

低被探與速保生	저피탐여속보생
軍尖端暴進文明	군첨단폭진문명
獨裁者必悞*戰亡	독재자필오전망
當殺傷民昨今娙**	당살상민작금명

적에게 탐지되지 않고 음속 수 배의 속도로 이동 또는 공격해야 생존이 보장된다(잠수함의 정숙성, 전투항공기의 마하4/스텔스기능, 탱크의 스텔스기능 등)

이처럼 전쟁을 대비하고 수행하는 군대가 계속 첨단기술을 연구하고 개발함으로써 인류의 문명은 시간차를 두고 폭발적으로 진보하기는 해왔는데

어느 시대이든 꼭 있는 독재자 이놈들은 반드시 그릇된 욕심과 판단으로 전쟁을 일으키고 그래서 꼭 망했지만

늘 그래왔듯이 그러한 전쟁으로 살상을 당해내야 할 민간인은 어제도 오늘도 조마조마하구나

2022.11.02.

* 그릇되게 일저지를 오 悞

** 조심조심할 명, 조마조마할 명 娙

韓字表意無時態 　　한자표의무시태
因列數字聯難解 　　인열수자련난해
甚至於昨情今聵* 　　심지어작정금질
然作詩竝國文哉 　　연작시병국문재

한자는 한 글자로 여러 뜻을 표시할 수 있지만, 글자자체의 시제(時制)가 없고 능동/수동의 태도 없다

그 때문에 한자 몇 자를 한시의 규격에 맞추어 몇 연 늘어놓는다 한들 그 뜻을 이해하기란 여간 어렵지 않다

심지어(甚至於) 내가 어제 쓴 한시의 정서도 어제의 기억을 빼고 오늘 다시 들여다보면 종잡을 수 없는 경우가 많다

따라서 한시를 지을 때에는 한글로 그 뜻을 병기하는 것이 좋다

2022.11.04.

* 종잡을 수 없을 질(말씀언言변에 막힐질窒; 言+窒). 사용하는 프로그램에 나오지 않는 관계로 '귀 어두울 질'로 표시해둠.

神造人以授己血 신조인이수기혈
中除豫知永生能 중제예지영생능
此缺作教發戰技 차결작교발전기
今近時空安分應 금근시공안분응

(처음에) 신은 자신의 피를 주어 인간을 만들었다(이는 기독교 성경 창세기에서도 '신의 품성대로' 아담을 만들었다고 하는 바이다).

인간을 만드는 과정에서 신은 유전자가위로 미래를 아는 능력과 영생하는 능력에 관여하는 유전자소를 잘라 제거하였다.

이 두 가지 능력이 없음으로 인해 구원 또는 행운을 비는 종교가 만들어지고 각각의 교리에 따라 또는 원래 타고난 욕심에 못 이겨 남을 해치는 전쟁(투)기술이 발전해왔다.

현재 속도단위인 마하의 숫자를 다투고 탐지거리를 자랑하는 수준까지 시간과 공간의 근본에 근접한 만큼 이제 모두가, 정말로 모두가 자신과 상대방과 다른 모두의 처지를 인정해야 한다.

2022.11.07.

缺感小醉招萬想	결감소취초만상
前水曜與勳長酒	전수요여훈장주
躇*篇而滲**喪片念	착편이삼상편념
置意千儻***是應宇	치의천당시응우

술을 한 잔 하되 부족한 느낌이 유지된 채로 취하지 않으면 온갖 상념이 찾아든다

그제 수요일에는 성훈과 함께 선유동에서부터 시작해 늦게까지 길게 마신 탓에

월수금요일에 쓰는 韓詩 한 편을 건너 뛰게 되어 한 조각 상실감이 스며드는데

두어라 천 편을 쓰겠다 한 뜻은 그렇다 하더라도 그때 그때 상황에 따라야 하거늘

2022.11.11.

---

* 머뭇거릴 저, 건너뛸 착 躇

** 스밀 삼 滲

*** 빼어날, 그러할 리는 없지만 만일에 당 儻

花田農立冬風滿 화전농입동풍만
沈藏蔬拔積頃邊 침장소발적경변
越癸*菜在所蓋衾** 월계채재소개금
是末乎凋***氣宛然 시말호경기완연

화전 주말농장에 끝물볕과 함께 입동풍이 가득하구나
올해 잘 자란 배추 무 대파 쪽파 갓 생강과 늦자란 알타리무 등 김장용 채소들이 뽑혀 이랑가에 쌓이고
겨울을 나야 하는 양파 마늘 시금치 등은 주말농장 여기저기(在在所所)에서 방한용 비닐을 이불 삼아 덮었구나
이것이 미공(필자)이 화전에서 여섯 해 해온 주말농장 마지막인가 싸늘한 기운이 또렷하게 느껴지는구나
(화전 주말농장이 3기 신도시 대상지역으로 포함되고 수용보상이 이루어졌다 함)

2022.11.14.

---

* 열째 천간 계, 북방 계, 겨울 계 癸
** 이불 금 衾
*** 싸늘할 경 凋

琢*洗秋菜乾匠**上	탁세추채건선상
染***醬注碎汁與只	염장주쇄즙여기
添蝦****醢*****辣漬*調味	첨하해랄지조미
是農之效保食基	시농지효보식기

가을걷이한 채소를 다듬고 깨끗이 씻어 채반 위에서 물기를 빼고

미리 준비한 전가(傳家)의 간장에 적당하게 적신 후 숨죽게 꺼내 놓고 그 간장이 담긴 큰 그릇에 배즙이랑 양파즙과 함께 곱게 갈아낸 백설기(白雪只)죽을 부어넣고

새우젓과 미리 준비한 비법(祕法)의 고추청 적당량을 첨가하여 맛을 조절하네

허허(흐뭇) 이것이 일년 주말농의 보람이자 장모님을 비롯한 식구들의 입맛과 건강을 든든하게 받쳐주는 것 !!

2022.11.16.

---

* 다듬을 탁 琢
** 채반 선 匠
*** 물들일 염, 담글 염 染
**** 새우 하 蝦
***** 젓갈 해 醢
* 담글 지 漬

今日仙遊續電喜	금일선유속전희
是德佖專之慧助	시덕필전지혜조
年暮十月備根具	년모시월비근구
基諧*隣尤**協氣道	기해린우협기도

오늘 선유동 예쁜 골짜기 귀틍이땅에 전기가 이어져 기쁘구나

이는 유장수사장 김안근사장 조형석 사장 점잖은 분들과 전문가 한창효 사장의 형제애와도 같은 지혜로운 도움 덕분이라

한 해가 저물어가는 시월(음) 스산하면서도 끝물볕이 따사로운 계절에 후일을 위한 한 가지 기본적인 도구를 갖춤이로다

이를 토대로 선량한 이웃들과 더욱 어울리면서 선유동다운 분위기를 만들어가는 데 협조하리라

2022.11.18.

---

* 어울릴 해 諧

** 더욱 우 尤

傳露讓渡沿海州 전로양도연해주
天海油田斯轄島 천해유전사할도
譫*先終戰醒後條 섬선종전성후조
盡舊器乞尖絶高 진구기걸첨절고

러시아가 대한민국에 연해주를, 옛날 우리조상들의 땅을 양도한다는 소식이 전해지는구나

이와 더불어 바이칼 옆 사하공화국의 유전과 사할린섬도 대한민국의 자산으로 인정한다는 것인데

헛소리! 먼저 우크라이나 침공 잘못했습니다 하고 사과하면서 전쟁 끝내고 크림반도를 우크라이나에 반납하고 나서 술 깬 후에 정식으로 국가간 조약을 체결하고 조약을 준수할 준비가 되었는지 점검까지 거쳐야 그걸 믿지(푸틴 독재자 이놈은 삼국지도 안 읽어봤나)

우크라이나 침공에 재래식이든 최신식이든 쓸 수 있는 무기는 다 써버리고 이제 남은 것이라고는 지 헛된 욕심 핵무기 일년이면 반 이상 얼어붙는 동토 밖에 없는 지경에 이르니 현재 최첨단 절정의 고성능 저가격의 대한민국 방산무기를 얻으려는 정신이상 구걸이로고

2022.11.21.

---

* 헛소리 섬 譫

地獄未空不成佛	지옥미공불성불
左棄右捨生妄想	좌기우사생망상
衆立壞覺忽*善惡	중립괴각홀선악
自號宏重念常恒	자호굉중염상항

지장보살이 중생을 모두 구하고자 하는 일념으로 지옥에 떨어지는 사람이 없어져 지옥이 공터가 되기 전에는 성불하지 않겠노라 한 맹세(地藏菩薩本願經)

그 흉내내려고 비우려 이것 버리고 공터가 되었나 들여다 보아 보이는 것 모아서 버려도 망상은 또 생겨나는 것

중생이라는 물건 세웠다 무너뜨리고 홀연 깨달았다가 순간 잊어버리고 어느 때엔 착하다가 또 어느 때에는 독한 마음 가득

자작호 미공 얼렁뚱땅 지었다가 뜻이, 그 염원이 무지무지 무거움을 깨닫고 (후회하기는 했지만) 뒤지게 무겁더라도 범위내 항상 그렇게 살아갈 것을 염하노라

2022.11.23.

---

* 소홀히 할 홀 忽

國有史形有魂者　　국유사형유혼자
復後忽正史骨疼*　　복후홀정사골동
自殺低產因曲史　　자살저산인곡사
肯尊心此所謂魂　　긍존심차소위혼

고려말 《단군세기》를 저술한 행촌 이암선생의 "나라에는 올바른 역사가 있어야 하고 형체에는 반드시 혼이 있어야 한다"는 말씀을 다시 상기하니

나라를 빼앗겼다가 되찾은 후 일제가 한국인의 혼을 망가뜨릴 목적으로 왜곡한 역사를 바로잡는 일을 소홀한 결과가 너무나도 뼈아프구나

OECD국가 중 자살률 저출산률 1위를 기록하고 있는 현실은 따져보건대 모두 그 원인이 왜곡된 상태로 가르치는 역사가 어느 순간 필요한 자긍심을 받쳐주지 못하는 데 있거늘

스스로에게 긍지를 가지는 마음(自肯心)과 자신의 품위를 스스로 지키는 마음(自尊心)이야말로** 행촌선생께서 말씀하신 올바른 역사가 받쳐주는 혼 아닌가

2022.11.25.

---

* 아플 동 疼

** ~이야말로 → 此所謂

有月水金神玄妙　　유월수금신현묘
遇酒神設宇討理　　우주신설우토리
批彼容此整萬想　　비피용차정만상
希先壓後神昭*尾　　희선압후신조미

월요일 수요일 금요일에만 일하는 신이 있어 그 작용과 안배가 끝을 알 수 없고 묘하기만 하구나

소주 일 병 주신을 만나 우주를 만들어 펼치고 세상 사는 여러 이치를 더듬는구나

그리하여 "저런~" 하면서 비판하기도 하고 "그래 이래야지!" 용납하기도 하면서 오만 가지 걱정과 희망이 섞인 상념을 정리해주는데

월수금신이 주신을 제압하여 월수금한시의 장래를 밝게 비추어주기를 바라노라

2022.11.26.(토)

---

* 밝을 소, 비출 조 昭

招冬涼風散滴*夕　　초동량풍산적석
帶衽**傘踖***初集憶　　대임산적초집억
雙文字裔****磨聰遜　　쌍문자예마총손
忳*****步一首破千拓　　준보일수파천척

겨울을 부르는 서늘한 바람이 내리는 비를 차가운 물방울로 바수어 흩뿌리는 저녁

옷깃을 여미고 우산을 준비하여 나서는 발길에 문득 지난 여름 月水金韓詩 시집 초판을 발간하던 기억이 낙엽과 함께 조심스럽게 밟히는데

韓字와 한글 두 가지 문자를 고안해낸 위대하신 조상님들의 후손으로서 물려받은 총명과 겸손을 더욱 갈고 닦아

月水金神이 한 걸음 내디딜 때마다 韓詩 한 首 꾸준하게 찬송(讚頌)하여 천 首를 깨뜨려 밟으리라

2022.11.28.

---

* 물방울 적 滴
** 옷깃 임 衽
*** 조심해 걸을 적, 밟을 적 踖
**** 후손 예 裔
***** 근심할 돈, 지성스러울 준 忳

突蹙*沍**寒縮足心　　돌축학한축족심
昨夕競昏護作物　　작석경혼호작물
幸哉𨉷***彼面春乎　　행재수피면춘호
希冬陽保其氣茀****　　희동양보기기불

그러려니 하고 있었는데 깡 얼어붙는 추위가 하룻밤 새에 갑작스럽게 닥쳐 발걸음도 마음도 쪼아들게 하는구나

어제 저녁 저무는 황혼에 지구의 자전속도와 경쟁하면서 집사람과 함께 겨울을 나야 하는 주말농장 작물에 비닐하우스를 만들어주었는데

다행이로고! 마늘 712개 양파 564개 리크 98개 대파 쪽파 97개 그리고 흩뿌린 아욱 시금치 씨앗들 옷을 입혀주었으니 다음 봄에 얼굴을 볼 수 있을까

올 겨울 이상기후다운 겨울볕이 듬뿍 내리쬐어 그들이 본래 가진 생기가 우거질 정도로 지켜주기를 바라노라

2022.11.30.

---

* 닥칠 축, 줄어들 척 蹙
** 얼 호, 얼어붙을 학 沍
*** 옷 입을 수 𨉷
**** 우거질 불 茀

況變略動賣出從	황변략동매출종
壞復迅廣陜自在	괴복신광협자재
常勞備革舊態案	상노비혁구태안
然內足外讚是解	연내족외찬시해

시간흐름에 따라 시장상황은 변하고 이에 적응하느라 회사의 경영전략이 움직이므로 회사의 매출은 그에 따라 결정된다

허물어지면 다시 복구하기를 신속히 하고 시야와 운신의 폭을 넓히고 좁히는 것을 자유자재로 할 것

회사운영이 매너리즘에 빠지는 것을 조심하고 항상 적용가능한 혁신방안을 애써서 준비할 것

그리하여 회사내부 만족도를 높은 상태로 유지하면서 외부고객들로부터 칭찬받는, 이러한 마음가짐이 답이다

2022.12.02.

俗揆散空一煙呼	속규산공일연호
浩氣滲*攝**二盞吸	호기삼섭이잔흡
來往生義三考追	래왕생의삼고추
閃覺重脚四夢習	섬각중각사몽습

세상 살면서 옳으냐 그르냐 손해인가 쫌 남는가 따지는 것 담배 한 모금과 함께 하늘에 흩어지도록 뿜어내고

하늘 땅 가득한 원기(浩然之氣)를 두 잔 소주와 함께 온 몸 가득 스며들도록 빨아들여 다스리자면

내 이 땅에 생겨나 살아가는 뜻이 '이거야!' 하고 왔다가 '그래?' 하면서 쫓아가면 가물거리듯 가버려 삼 세 번 고민하면서 쫓아가려 하나

무거워져버린 다리에 번개와도 같은 깨달음은 쫓아가기 버거워 네 번 꿈꾸어 배워야 할 것이라

2022.12.05.

---

* 스며들 삼 滲

** 다스릴 섭, 굳건히 유지할 섭 攝

運動競生來練鍛　　運동경생래연단

擲*努爭心身劣優　　척노쟁심신열우

登四段中一是壯　　등사단중일시장

國力就文化進俱　　국력취문화진구

스포츠는 타고난 바의 체력과 기량, 경기 전까지의 연습, 그리고 단련 결과를 겨루는 인간의 발명품이다

일정 기간 동안의 노력을 걸고 그 바탕에서 정신과 체력의 나음과 모자람을 가리는 것이다

월드컵카타르에서 우리나라가 우승후보로 점쳐지는 폴투갈을 꺾고 16강에 오른 것 참으로 장하도다

러시아도 미국도 협박회유하고 중국도 일본도 견제시기하는 우리나라의 국력과 문화가 더 다지고 더 나아가 모두가 함께 잘 사는 세상 향하자

2022.12.07.

* 던질 척 擲 (건곤일척乾坤一擲)

休戰韓國防衛孤　　휴전한국방위고
同盟盡賣忘俱強　　동맹진매망구강
期生益成自開發　　기생익성자개발
輸出武器是誇*彰**　　수출무기시과창

전 세계에서 유일한 분단국이면서 휴전상태인 대한민국 자주 국방력을 갖추는 데 있어 참말로 외롭고 고단했다

동맹이라는 미국은 한국에 필요한 국방무기를 엄청 높은 가격과 유지비를 받고 팔아먹기 바빴지 함께 강해진다는 동맹정신은 망각해왔다

그 상황에서 한국은 생존과 홍익인간의 실천을 기약하기 위해 (미국이 무기는 비싼 돈 받고 건네주면서 무기에 탑제된 첨단기술들은 안보자산이라는 딱지를 붙여 이전을 거부하는 탓에) 맨땅에 헤딩하면서 여러 가지 첨단기술의 자체개발에 성공했다

(그 성공을 확인한 폴란드 등 동유럽 북유럽 이집트 모로코 사우디 호주 말레이 등 동남아국 인도 영국 등의 요청으로, 심지어 미국으로도 K2흑표전차 K9자주포 레드백 FA50공격기 등) 자체개발 방산무기제품을 수출하여 세계 방산수출 4위를 기록하고 스텔스(stealth)기능을 갖춘 세계최초 6세대 전투기 KF21보라매를 시험비행하고 있노니 이 얼마나 자랑스러운가

2022.12.09.

---

* 자랑할 과 誇
** 드러날 창 彰

大雪白雨萬想沈 대설백우만상침
過先功惜却*足時 과선공석각족시
季重變颯**間霜虛 계중변삽간상허
如努前侍性精啻*** 여노전시성정시

대설 절기 지나 흰 눈 대신 부서져내리는 하얀 비! 방울 방울마다 추억과 생각 하나씩 맺혀 차분히 내려앉는구나

돌아보니 이룬 것보다 과실이 앞서고 만족스러움보다 아쉬움이 또렷하게 떠오르는 시간

계절 바뀌기를 거듭하여 어느덧 머리는 빠지고 남은 것은 그나마 드문드문(間) 희어져 그저 허허롭구나

어쩔 것이냐 지금까지 애써서 살아온 것처럼 타고난 성품과 대대로 이어받은 정기를 열심히 모실 뿐

2022.12.12.

---

* 물리칠 각 却
** 바람소리 삽, 어느덧 삽 颯
*** 뿐 시 啻

昨夕瑞雪仙遊谷　작석서설선유곡
圍坐勸酌無終歡　위좌권작무종환
善劉甲長金趙寧　선유동갑김조녕
送迎年年交親完　송영년년교친완

어제 저녁 선유동 골짜기에 상서로운 눈이 내리고
둘러앉아 권하는 잔 답하는 정 오래도록 끝없이 기쁘구나
착한 유장수 동갑내기 김안근 조형석 별 탈 없이 건강하기를
보내고 맞는 한 해 한 해 거듭할수록 가깝고 서로 닿음이 완성 될 것이라

2022.12.14.

謝齒根心溫筋活 사치근심온근활
面暫忘遠友雰隱 면잠망원우분은
歲重去士積談續 세중서사적담속
如歌詞保聰興勤 여가사보총흥근

치아뿌리 든든하고 마음 따뜻하며 몸 근육이 활발한 것을 감사하자

잊었나 싶게 멀어진 친구를 다시 잠깐 얼굴을 마주하니 분위기 은은하고

나이 점점 겹쳐져 세상 떠나는 선비들 이름들이 쌓여도 나누는 이야기는 도란도란 이어지는구나

있을 때 잘 하라는 노래가사처럼 있는 총기 보전하고 목 넘어 가는 주흥을 부지런히 기억하자

2022.12.16.

雙文字民族何在	쌍문자민족하재
東夷韓字開人文	동이한자개인문
世宗彦文破差級	세종언문파차급
文化民主牽*國運	문화민주견국운

인류문명사에서 스스로 창제한 표기문자를 두 벌 씩이나 가진 민족이 어디 있는고

동이족 조상들이 만든 韓字는 동양인류의 문명을 여는 훌륭한 기초가 되었고**

세종대왕께서 만드신 한글은 세상의 차별과 계급구분을 깨뜨렸거늘

이처럼 우리민족이 가진 두 벌 문자의 저력, 즉 동이조상님들이 뿌리신 문화의 힘과 오늘날 세계인들이 배우고 싶어하는 한글이 가진 민주정신 두 줄기는 대한민국 흥창운(興昌運)을 이끌 것이라

2022.12.19.

---

*끌 견 牽

** 漢字라는 표기는 소위 중화를 운위하는 중국인들이 韓 한 글자를 발음이 같은 漢으로 바꿔치기하여 chinese letter라 하며 자기네 조상이 만들었다는 착각을 하도록 세계인들을 오도하고 있는 것이다. 최근에는 韓字가 자기 조상들이 만든 문자가 아닌 까닭으로 대충대충 글자를 파괴하고 뒤틀어 簡字體를 사용하고 있다.

有說渡北星空間　　　유설도북성공간
或白洞現生善集　　　혹백동현생선집
紫窟搣*罪再原乎　　　자굴색죄재원호
次過中今重何立　　　차과중금중하립

고개 들어 밤하늘 저 북극성 너머에 지름이 육백 억 광년을 헤아리는, 별 같은 것 하나 없는 텅 빈 공간이 존재한다는 이야기가 있다

거기가 혹시 현세에 착하게 살다 죽은 이들의 영혼이 모이는 천당이라 하는 화이트홀(white hole)일까

(블랙홀은 모든 것을 빨아들여 가루도 남지 않고 자꾸 커진다 하니 그건 아니고) 거기가 혹시 현생에서 죄를 많이 짓고 죽은 이들의 영혼이 죄를 씻어내고 본래의 영혼으로 다시 재생되는 자색동굴일까

다음 생 짐작할 수 없고 지난 생 기억 가물가물하니 그 중에 당연히 지금 생이 중한디 어디에 서야 하느냐

2022.12.21.

---

* 털어낼 색 搣

習慣易吸着難改 습관이흡착난개
陰交陽背好惡從 음교양배호오종
其時性豈*欲變歟** 기시성기욕변여
修斂慾單動望空 수렴욕단동망공

습관이라는 것 몸에 마음에 들러붙기는 쉬우나 마음먹고 고치기는 어렵다

같은 습관도 음양이 바뀌듯 배경에 따라 상황에 따라 그 호오(好惡)가 달라지는 것

습관은 시간흐름에 따라 사람사람의 인생에 맺히는 성품(時性, 人性)이거늘 어찌 변하기를 바라겠는가

수양하여 욕심을 줄이고 하루하루 움직임을 단순화하여(未空을 觀하여) 비움(空)을 그려보노라

2022.12.23.

---

* 어찌 기 豈
** 어조사 여 歟

選別福祉民主事 　　선별복지민주사
普通均一共産念 　　보통균일공산념
討論有無定透明 　　토론유무정투명
配慮讓步人當謙 　　배려양보인당겸

나라에서 일정 기준과 요건을 정하여 국민을 향한 복지정책을 선별적으로 시행하는 것은 민주적인 일이다

소득과 재산, 기여도 여하 등을 따지지 않고 모두가 같은 분량으로 공평하게 국가재정을 나누는 일은 모두 같이 생산하여 모두 같이 나누어 끝내고 말자는 생각이다

기준과 요건을 결정하는 과정에서는 토론과 투표가 이루어지지만, 공평한 분배만 존재하는 공간에서는 불투명성이 남아 의혹과 부패가 자라서 독재로 이어지게 된다

자기자신과 타인을 같은 기준으로 생각하는 덕성과 우선순위를 타인에게 먼저 권하여 손해를 감수하는 마음의 여유, 사람이라면 태어날 때부터 당연하게 가지는 겸손일 것

2022.12.26.

軍樂隊動世界心 군악대동세계심
傳統樂通現規演 전통악통현규연
防衛亦能價誠誇* 방위역능가성과
尖端技國產化軟 첨단기국산화연

(몇 개월 되지 않는 유튜브 시청생활** 중에) 대한민국 육군전통군악대의 활약과 인기가 대단하여 세계인의 마음을 사로잡고 있구나

꽹가리 북 장고 태평소 사물놀이 부채춤 등 우리의 전통악기와 전통예술이 외국 군악대들의 규격화된 현대적 연주와 통하는구나

나라의 안보를 책임지는 방위산업에서도 역시 성능과 가격, 납기 면에서 세계적으로 타의 추종을 불허하는 성실함을 자랑하고

군사강국에서 기술이전을 거부하는 첨단기술(AESA레이더, IRST, AO-TGP, 스텔스 등)을 척 척 국산화(물론 대한민국 이과생들이 고생고생)하여 차후 더 나은 방산무기가 세계로 잘 수출(여기에서 문과생들이 활약하여)되도록 할 것이라

2022.12.28.

---

* 자랑할 과 誇

** 수많은 유튜브채널 중에서 "책보고", "CaLa DIY", "슈카월드", "peach", "KBS다큐", "국방TV", "신인균의 국방TV", "VOA한국어", "Cansu SONMEZ", "hunter team", "디씨멘터리", "igneyle kuyu Kaziyorum" 등을 주로 시청하고 있음. 이는 채널을 알고 동영상을 시청한 것이 아니라, 동영상을 선택하여 시청하다보니 이러한 채널이었음.

確信人知之寡小 확신인지지과소
乳兒苦出不能表 유아고출불능표
賢子皆開各派啻* 현자개개각파시
雖**本欲造體通交 수본욕조체통교

인류가 관찰하고 그 중 호기심이 발동하여 분석하고 결론을 내려 알고 있다고 확신하는 바는 그리 많지 않다

젖병을 물고 있는 신생아는 우주이치를 모두 알고 나서 애를 써서 세상에 나왔으나 표현능력이 아직 부족하고

고금의 현자들은 모두 자신의 뜻에 맞는 각각의 파벌들만 만들어 이후 옳고 그름을 따지는 분쟁의 씨앗을 뿌렸을 뿐이라

아무래도 인간 본연의, 무엇인가 알고자 하는 욕구로 보면 인류가 서로 막힘없이 소통하고 교류하는 네트워크(體)를 만들어 운용해야 하나 보다

2022.12.30.

---

* 뿐 시 啻

** 비록 수, 아무리 ~하여도 수 雖

南北戰無戰車慘	남북전무전차참
嘗恨*鬪輸出上位	상한투수출상위
政正心動勢重扨**	정정심동세중지
國運奔伸弘益輝	국운분신홍익휘

6·25한국전쟁 때 한국남한은 탱크 한 대 없는 처참한 상황이었다

그 한을 곱씹으며 맨땅에 헤딩하며 무기개발을 위해 노력한 덕분에 이제는 방산무기를 외국에 수출까지 하면서 세계 4위를 기록하고 있다

정치가 바른 방향을 유지하고 국민들의 마음이 동기부여된다면 그 추세는 굳건함에 굳건함을 더할 것이고

대한민국의 국운은 세차게 뿜어 펼쳐져 우리민족 자랑스러운 홍익인간의 정신이 빛날 것이라

2023.01.02.

---

* 와신상담(臥薪嘗膽)의 嘗+恨

** 굳건할지 扨

歌興快狂他方乎 가흥쾌광타방호
各事同壓必爆解 각사동압필폭해
吾皆被造勞則報 오개피조노즉보
括慾送空添皺* 內 괄욕송공첨추내

노래부르며 미친 듯 쾌활하게 흥겨운 것이 나는 아니라고? 나는 아니고 다른 사람들일 것이라고?

사람마다 일들을 보듬고 싸우며 살면서 쌓이는 스트레스는 너나 없으므로 어떻게든 방법을 생각해서 폭발해 해결해야 하느니

사실 우리 모두 하나님 지으신 피조물인고로 애써서 일한 만큼의 보상이 반드시 있다 하여도

이런 저런 욕심을 몰아서 한꺼번에 저 까만 하늘에 보내버리면 마음속에 주름살 하나 더 생길라나

2022.01.02.

---

* 주름 추 皺

夫神造人爲使役	부신조인위사역
然拒判善惡是非	연거판선악시비
增間本類隔廣遠	증간본류격광원
通陜密特祕結祈	통협밀특비결기

무릇 사람은 신들이 만들어낸 피조물인바 신들이 하던 일을 대신하여 맡아 수행하기 위해 만들어졌다

그래서 사람이 자기가 하는 일이 바람직한지 그렇지 않은지, 옳은지 그른지 판단하는 것은 원래부터 거부되었다

그러다 사람의 숫자가 폭발적으로 늘어나 사람들 사이(間)를 띄어둬야 할 필요로 인간이라는 용어가 생겨나고, 소위 르네상스 시대에 신탁(神託)을 벗어나 인본(人本)을 외치면서 인류라는, 사실은 '뭉치자'는 개념이 생겨나 조물 신들과 피조 인류의 사이가 넓어지고 멀어져

서로 소통하는 통로가 좁아지고 특별해지며 비밀스럽게 숨겨졌는바 결국 인류는 조물 신들과 소통하기 위해 기도라는 것을 하게 되었다

2023.01.04.

中古客詩月水金 중고객시월수금
亡*剛**黑髮徹***白笑 망강흑발별백소
韓****念高願促照影 한념고원촉조영
大*****生皆鏡過堅步 대생개경과견보

환갑 지난 중늙은 나그네 월요일 수요일 금요일 늦시작한 韓詩를 짓고 있구나

달아나버린 검은 머리 굳센 기운은 멀리서 나를 보며 색깔 없는 미소로 너울거리고

크고 높았던 뜻은 그림자를 늘여 비추며 마무리를 향해 발걸음을 재촉하는데

누구나 존귀한 한 생 지난 일들은 거울에 비추어 얼굴 말끔하게 다듬고 남은 길을 그림자 따라 묵묵하게 걸어보자

(오늘은 각 行 첫 자 자리에 각각 中亡韓大를 한 글자 씩 위치시켜 놓고 시작)

2023.01.06.

---

* 망할 망, 달아날 망 亡
** 굳셀 강 剛
*** 너울거릴 별 徹
**** 대한민국 한, 클 한 韓
***** 큰 대, 존귀할 대 大

像不動而相非同	상부동이상비동
物性恝*變心鏡眞	물성괄변심경진
此宗彼派爭教理	차종피파쟁교리
合才和異成素**仁	합재화이성소인

동상 우상 등 상(像)이 움직이지 않아도 그것이 마음에 맺히는 상(相)은 사람마다 모두 다르다

눈에 보이는 모든 객체는 그들 각자의 시간표대로 그저 그대로 무심하게 변해가지만, 그 속에 살아가는 마음들은 각자 가진 거울로 진리를 찾아 비춘다

이 신앙 저 종파 가르침이 조금씩 다른 것 같아 보여 임하는 자세를 서로 다투기도 하지만

움직일 줄 아는 모든 존재들이 모여 서로 다름을 인정하고 어깨동무하면 모두가 한 단계 높아짐을 이루지 않을까

2022.01.09.

---

* 근심없을 괄, 근심없을 개. 무심할 괄, 괄시할 괄 恝

** 본디 소 素

曰心空皆慾出張　　왈심공개욕출장
虛心隱意表空心　　허심은의표공심
修者求彼俗世此　　수자구피속세차
前難後慙*寗**無心　　전난후참녕무심

마음이 비어 있다는 것은 나의 마음에 자리잡고 있던 욕심들이 모두 볼 일 보러 나가 자리를 비운 상태를 말하는 것이라면

허심(虛心)은 누구에게 드러날까 어떤 뜻을 숨기고 짐짓 공심(空心) 흉내를 내는 것이다

수행하는 사람들은 공심 자체를 구하는 한편, 속세에서는 허심을 취하지 않으면 손해를 당한다는 것이 경험이고 역사라

공심은 구하기도 도달하기도 어렵고 허심은 너무 속되어 부끄럽다면 차라리 나의 마음이 통째로 저 북극성 너머 펴져있는 기(一氣)에 흡수된 상태인 무심(無心)은 어떨까

2023.01.11.

---

* 부끄러울 참 慙
** 차라리 녕 寗

勇不壓獪*青禮老 용불압회청예노
矮星爆造梨**新芽 왜성폭조리신아
受命與針續藏理 수명여침속장리
湧意喊***正通世歌 용의함정통세가

용기는 교활을 누르지 못하고 청년들은 노인들에게 예의를 갖추기 마련이다

이는 인간속세 뿐 아니라 우주에서도 마찬가지인바 수명을 다한 백색왜성이 폭발하여 수많은 반짝이는 새로운 싹별을 만들어낸다

생명과 삶의 방향을 부여받은 차세대 존재들은 대대로 전해지는 물질(物質)과 이치(理致)를 갈무리한 채 대를 이어 살아가거늘

용솟음치는 앞을 향한 뜻으로 올바름을 소리치면 세대를 아우르는 노래를 부를 것이라

2023.01.13.

* 교활할 회 獪
** 배나무, 뭍, 모든, 수많은 리 梨
*** 소리칠 喊

量子與時間何也　　양자여시간하야
識卽虛是兩者同　　식즉허시양자동
超存使吾此然乎　　초존사오차연호
瞬用性運氣眞通　　순용성운기진통

골수 문과생인 내가 시간이 무엇인가 묻는 것은 그렇다 쳐도 스스로 양자(量子)에 대하여 시비하는 것은 좀 외람되기는 하지만

있기는 있는데 그것들이 지금 여기에만 있는 것이 아니라는 원시적 깨달음으로 보면 둘 다 같다

있는 것 자체를 넘어서, 슈퍼컴퓨터를 넘어서 양자컴퓨터가 세상에 들어서서 나를 호령하면 그러려니 할 것인가

어느 순간 그 둘의 속성을 활용해 우주보다 넓은 공간에 퍼져 있는 기를 운행함으로써 진실이 통할 것이라

2023.01.16.

量子糾*曰同時性 양자규왈동시성
故獨存要改雙動 고독존요개쌍동
此岸善彫**彼何影 차안선조피하영
答遠啻***營當探空 답원시영당탐공

양자세계에서는 얽힘(糾)성질로 인해 내가 일단 움직이면 멀리(우주끝이라 해도)에 있는 다른 내가 동시적으로 움직인단다

따라서 양자물리학으로 볼 때 천상천하유아(唯我)독존은 천상천하개물(皆物)쌍동으로 고쳐져야 할 것 같은데

지금 여기에서 생겨나는 선한 또는 사악한 움직임은 저 쪽에서 어떤 그림자로 아로새겨질까

이 질문에 대한 답은 아직 멀리에 있는 것 같으니 지금 생 있는 그대로 살면서 공(空)을 탐할 뿐이로다

2023.01.18.

---

* 얽힐 규 糾
** 새길 조 彫
*** 뿐 시 啻

氣縮於昨是大寒	기축어작시대한
敏也非啻人實自	민야비시인실자
然耐再生山川律	연내재생산천율
從痕吾發銳觸羅	종흔오발예촉라
唯先感呂後開眼	유선감려후개안
或識糾點努解破	혹식규점노해파
見慾緩用皆活價	견욕완용개활가
此乃覺生續節事	차내각생속절사

기온이 어제에 비해 오그라들게 추운 것을 보니 절기가 대한이구나

더움과 추움이 조금만 변해도 바로 반응하는 민감성은 사람뿐만 아니라 실은 자연자체가 그런 것

그래도 자연은 오존층이 구멍나는 등의 파괴현상을 견디고 스스로 재생하는 산천(우주)의 율려(律呂) 소산이므로

나는 율려의 흔적을 따라 예민한 감각을 발현하여 오감의 그물을 펼치느니

먼저 율려를 느껴야 눈이 트일 것이지만

혹 맺혀 얽혀있는 현상이 느껴지면 그것을 풀어 헤치려 애쓸 것이요

혹 존재의 이유(慾)가 느슨해진 모양을 보면 모든 기재(기도, 선, 자유자재 등)를 활용하여 그 가치를 활성화시킬 것인바

바로 이것이 생을 깨우쳐 느끼고 절기를 이어가는 참된 마음아닐까

2023.01.20.

新舊正棲*月黑卯 신구정서월흑묘
玄中一氣攪**格機*** 현중일기교격기
無視檀魂換骨態 무시단혼환골태
萬邦韓流縹****金旗 만방한류표금기

신정과 구정이 같은 달에 깃들어 있는 '까만 토끼'의 해
보이지 않는 가운데 꿈틀대는 모든 기운이 하나로 모아져 세상을 움직이는 등급과 틀을 흔들고
무시당하던 단군혼이 환골탈태(換骨奪胎)하듯 자세를 바꾸어 바로잡아
세계만방에 흐르는 한류바람을 타고 황금기를 구가하는 깃발을 휘날리리리라

2023.01.23.

---

* 살다, 깃들이다 서 棲
** 흔들 교 攪
*** 틀 기 機
**** 휘날릴, 옥색 표 縹

慶超音速飛行祝　　　　경초음속비행축
戰車捲界爲標準　　　　전차권계위표준
造運力控*海上下　　　　조운력공해상하
曜**遲宇宙亦立瞬　　　　요지우주역립순

한국전쟁 때 비행기는커녕 탱크 한 대 없어서 수류탄을 가슴에 품고 소련제 탱크 밑으로 몸을 던져야 했던 우리나라가 첨단기술의 결정체인 스텔스 전투기(KF21)를 독자적으로 개발하여 초음속 시험비행에 성공한 것은 크나큰 경사로서 자축하는바

지상에서는 어떠하냐 하면, 우리 기술진이 자체개발한 흑표전차(K2 Panther)와 장갑차(K9)가 세계방산시장을 석권하면서, 자기들끼리 선진국이라고 모인 나토(NATO)의 표준무기체계로 자리잡고

바다에서는 천연가스(LNG) 운반선 수주/건조능력은 벌써부터 세계 1위를 굳건하게 지키고 있고 잠수함도 건조하여 수출하며, 정기적으로 태평양에서 진행되는 림팩(RIMPAC)훈련에서 수상/수중게임 1등은 언제나 대한민국이고, 우리나라에서 퇴역하는 군함들을 제대로 보수하고 당시 갖추어진 기술을 업그레이드하여 한국전쟁에 참전한 우방국에 무상으로 공여함으로써 한국인의 의리를 실천하고 있는데

이 얼마나 빛나고 자랑스러운가! 그놈의 미사일지침인가 하는 것 때문에 많이 늦었지만, 그것도 영원히 폐지되어 우주개발에서도 역시 합당한 자리에 서는 것은 순간일 것이라

2023.01.25.

---

* 당길, 제패할 공 控
** 빛날 요 曜

恒住境界要好奇　　항주경계요호기
道往來生舊新妙　　도왕래생구신묘
世交化向同自裕　　세교화향동자유
覺非財立端精巧　　각비재립단정교

항상 경계(선악, 호/불호, 성패, 천당/지옥, 상하, 존/멸, 열냉, 안/불안, 정사, 시비 등)에 머물러 있으려면 호기심이 있어야 한다

산속에서 조용히 수행하거나 속세에서 참아가면서 생활하는 중에도 소위 도(道)라는 것은 왔다 갔다 하는 가운데 속세는 그 모습을 새로이 바꾸어가는 것이 호기심 가득하게 묘하지 않느냐

우주가 어떻게 생겼든 세상에서 호기심에 이끌려 서로 부딪혀 살면서 배우는 목적은 모두가 스스로 여유로워지는 것이라

세상사는 것이 재물만이 아닌 것을 깨닫고 호기심의 꼭짓점에 제대로 서서 쓸모 있는 마음으로 성의를 다해야 할 것이라

2023.01.27.

저자 소개

未空 황규봉黃圭奉

1957년생
함평초중학교
광주고등학교
전남대학교 경영대학(머큐리10기)
서울대학교대학원 경영학과 <경영학석사>
동국대학교대학원 경영학과(박사과정)
『신탁경영론』 (1999) 저술
『월수금한시』 제1집(2023) 출간
주식회사 타스코 대표
mosabric@ik2.kr

황규봉 한시선 제2집

월요일 수요일 금요일 한시韓詩 (제2집 101~200)

인 쇄 2023년 6월 25일
발 행 2023년 6월 28일

저 자 황규봉
발행인 정성택

발행처 전남대학교출판문화원
등 록 1981. 5. 21. 제53호
주 소 61186 광주광역시 북구 용봉로 77
전 화 (062) 530-0571~2
영업부 (062) 530-0573
팩 스 (062) 530-0579
홈페이지 http://www.cnup.co.kr
이메일 cnup0571@hanmail.net

값 10,000 원

ISBN 978-89-6849-977-7 (93810)